W0034612

Mut gewinnen zur Begegnung

Das geistliche Geheimnis des D. Trotman

Gründer der Navigatoren

Robert D. Foster

Neuhausen-Stuttgart

CIP-Kurztitelaufnahme der Deutschen Bibliothek

Foster, Robert D.:
Das geistliche Geheimnis des D. Trotman: Gründer
d. Navigatoren / Robert D. Foster. [Übers. von
Ulrike Schumacher]. – Neuhausen-Stuttgart:
Hänssler, 1986.
   (Telos-Bücher; 472: Telos-Taschenbuch)
   Einheitssacht.: The navigator <dt.>
   ISBN 3-7751-1111-5
NE: GT

TELOS-Bücher
TELOS-Taschenbuch 472
This edition issued by special arrangement with NavPress,
a ministry of The Navigators, U.S.A.
Original Title THE NAVIGATOR © 1983 by Robert D. Foster.
Übersetzt von Ulrike Schumacher
© Copyright 1986 by Hänssler-Verlag, D-7303 Neuhausen-Stuttgart
Umschlaggestaltung: Heide Schnorr von Carolsfeld
Titelbild: Transglobe Agency, Hamburg 13
Die Bibelzitate folgen, wo nicht anders angegeben,
der rev. Luther-Übersetzung von 1964/84.
Gesamtherstellung: Ebner Ulm

Für Lorne Sanny,
einen treuen Freund
in der Sache Jesu Christi.

Er unterwarf sich mit mir
der Zucht und der Disziplin eines gottgefälligen Lebens.

Er war ein leuchtendes Beispiel
eines »kleinen schwachen Menschen, der stark wurde«,

ein Kämpfer für das Kreuz Jesu,
der allein zur Ehre Gottes und für
die Verbreitung des Evangeliums lebte.

Ihm ist dieses Buch von Herzen gewidmet.

Inhalt

Vorwort

Dawson Trotman war eine der Persönlichkeiten, die ich in meiner christlichen Arbeit getroffen habe, die ich nie vergessen werde. Wohin er auch ging, half er immer irgend jemandem. Zu jeder Zeit war er im Dienst. Täglich – manchmal sogar stündlich – gewann er Menschen für Christus. In seinem ausgezeichneten Buch hat mein langjähriger Freund Robert Foster (dessen Leben auch sehr interessant ist und es wert wäre, daß man einmal darüber schreibt) untersucht, wie und warum Gott diesen einzigartigen und engagierten Mann benutzt hat. Das Ziel seines Buches ist, daß auch Sie Ihr Leben Jesus Christus mehr hingeben.

Als ich noch Studentenpfarrer in Wheaton, Illinois, war, hatte ich viel von der Organisation der Navigatoren gehört, die Dawson Trotman gegründet hat. Ich bat Dawson, an einem Sonntag in meiner Gemeinde zu predigen. Er sagte zu, und seine Predigt hatte mächtige Auswirkungen auf die Gemeinde und auch auf die Studenten.

Von diesem Tag an wurde er einer meiner besten Freunde und Ratgeber.

Während unserer Großevangelisation in Los Angeles 1949, die die erste dieser Art war, die nationale Beachtung fand, baten wir Dawson, uns bei der Seelsorge und der Nacharbeit zu helfen. In diesen Tagen hatten wir nur einige wenige »persönliche Mitarbeiter« und beschränkten uns auf ein Minimum an Nacharbeit. Cliff Barrow und ich hatten es uns zur Gewohnheit gemacht, nach der

Veranstaltung in ein angrenzendes Zelt zu gehen und dort mit jedem der Angesprochenen persönlich zu sprechen und zu beten. Dies machten wir seit einigen Jahren so.

Als Dawson Trotman mit uns zusammenarbeitete, schuf er spezielle Literatur für die Nacharbeit und machte immer neue Vorschläge, wie wir diese wichtige Aufgabe am besten erledigen könnten. (Seitdem hat er Lorne Sanny hierfür eingearbeitet.) Das umfangreiche Nacharbeitssystem, das wir heute haben und das ich für das intensivste und weitreichendste in der Geschichte der sogenannten »Massenevangelisationen« halte, wurde im Grunde von Dawson allein erarbeitet.

In der Zeit, als er uns mit unserer Nacharbeit half, baute Daws auch die Arbeit der Navigatoren weiter auf. Wie Sie in dem Bericht von Robert Foster lesen können, entstand durch Daws' Einsatz eine Gruppe fähigster Menschen im Umgang mit der Schrift, im Gewinn von Nichtchristen und in der Jüngerschaftsschulung. Er hinterließ Tausende von Menschen, die die Prinzipien eines christlichen Wachstums im praktischen Leben verwirklichten.

Wie Robert Foster in seinem Buch schildert, war Daws unkonventionell – er diente den Menschen, aber er konnte auch manchmal rauh und hart sein. Er war ein hartnäckiger Mensch, konnte aber auch freundlich und verständnisvoll sein. Er war ernsthaft, hatte aber auch Sinn für Humor. Manchmal war er sogar ein ausgesprochener Spaßvogel.

Daws war der geborene Optimist, und er hatte einen starken Glauben. Er konnte Menschen motivieren und sie zur Mitarbeit ermutigen. Er verbrachte mit den Menschen, mit denen er Kontakt hatte, sehr viel Zeit im

Gebet. Ich erinnere mich daran, wie wir einst in der Schweiz, in den Anfängen unserer Evangelisationsarbeit, lange Gebetsgemeinschaften miteinander hatten. Er kam dann in mein oder ich in sein Hotelzimmer. Wir knieten nieder und sagten dem Herrn all unsere Not.

Das »Rad«, das Daws entwarf, um den Kern seiner Botschaft verständlich zu machen, wurde zu seinem Aushängeschild. Die Achse oder der Mittelpunkt des Rades war Jesus Christus. Die Speichen stellten das Wort, das Gebet, den Gehorsam und das christliche Zeugnis dar. Dawson war bekannt für seine Liebe zur Bibel, und er forderte ständig jeden Christen heraus, Gottes Wort auswendig zu lernen. Er betonte, daß man die gelernten Bibelstellen am besten durch ständiges Wiederholen behalten könne. Er widmete sein ganzes Leben dem Gewinn von Menschen und der Nacharbeit an Neubekehrten.

Dawson Trotman war ein Mann, den ich nie vergessen werde – er war »immer im Dienst des himmlischen Vaters unterwegs«.

BILLY GRAHAM

Einführung

In diesem Buch geht es um mehr als das, wozu der Herr seinen Diener Dawson Trotman in seiner kurzen Lebenszeit von fünfzig Jahren befähigte. Es geht um den Versuch, aus seinen Ansprachen und den Aussagen von persönlichen Bekannten das zusammenzustellen, was er glaubte und lehrte, und darzulegen, warum er dies tat. Was war sein einzigartiger Beitrag zur Gemeinde Jesu Christi? Warum trifft der Satz: »Er legte die Grundlagen für viele kommende Generationen« besonders auf ihn zu?

Die Suche nach Antworten auf diese Fragen hat mich angespornt, das Wesen dieses Gottesmannes verstehen zu wollen. Es gibt gewöhnlich vier Wege, wie man ein solches Verständnis gewinnen kann:

1. untersuchen, was er gesagt hat, um seine Ideen und Gedanken aufzudecken,
2. sich seinen Charakter und seine Überzeugungen genau ansehen, um seine Motivation zu verstehen,
3. die Institutionen, die er aufgebaut hat, genau studieren und
4. das Leben der Menschen betrachten, die er zu Jüngern heranbildete und die er ermutigte, sein Werk fortzuführen.

(Für eine umfassende und zeitlich chronologische Behandlung von Dawson Trotmans Leben möchte ich die ausgezeichnete Biographie »Daws« von Betty Skinner empfehlen, die 1974 vom Zondervan-Verlag veröffentlicht wurde.)

Dawson selbst hat keine Bücher geschrieben. Er war zu beschäftigt damit, Menschen für Jesus zu gewinnen und sie im Glauben zu stärken. Sein Denkmal ist nicht aus Marmor, sondern besteht aus Menschen. Er hinterließ keine eigenen Bücher, sondern Methoden, wie man mit der Wahrheit der Bibel richtig leben kann. Er hinterließ auch keine großartigen Institutionen, sondern Prinzipien, wie man in der ganzen Welt Jünger Jesu Christi gewinnen kann.

Einleitung

Am Nachmittag des 18. Juni 1956 glitt ein Rennboot über die kalten Wasser des Schroon-Sees im Staat New York. Plötzlich schlug eine Welle in das Boot, und zwei Bootsinsassen wurden ins Wasser geschleudert. Der Mann hielt den Kopf des Mädchens so lange über Wasser, bis es gerettet wurde. Dann versank er plötzlich und verschwand.

Die amerikanische Zeitschrift »Time« berichtete am 2. Juli 1956 in ihrer Rubrik über religiöse Fragen über seinen Tod. Unter seinem Bild stand der Satz: »Er hält immer jemanden hoch.« Der Artikel begann mit den Worten: »So starb Dawson Trotman, ›Der Navigator‹, Licht und Kraft einer Bewegung, die die Worte der Heiligen Schrift über die ganze Welt erschallen läßt.«

Wer war Dawson Trotman, und warum fand sein Tod in der weltlichen Presse Beachtung?

Viele Christen in leitenden Positionen erkennen heute, daß Daws in den dreißig Jahren seines Dienstes für Gott benutzt wurde, um der christlichen Welt einige grundlegende biblische Wahrheiten, die seit Jahren in Vergessenheit geraten waren, wieder in den Mittelpunkt zu rücken – die Bedeutung der persönlichen Nacharbeit bei Neubekehrten, die Jüngerschaftsschulung von Mann zu Mann und die Gewinnung von Jüngern als ein Mittel, den Missionsbefehl auszuführen.

Was Orville und Wilbur Wright für die zivile Luftfahrt bedeuteten, bedeutete Dawson für das Konzept der Jüngerschaft in der Gemeinde Jesu. Er hatte eine grundlegend neue Vision. Obwohl sie von anderen verwirklicht und verfeinert wurde, war er der Pionier, der dafür Sorge trug, daß etwas in Gang kam.

Der Evangelist Billy Graham sagte 1956 über ihn: »Ich glaube, daß Dawson mehr Menschenleben beeinflußt hat als irgendein anderer Mensch, den ich kenne. Wir sind heute nur noch die Nachfolger unzähliger Menschen aus vielen Rassen, Sprachen und Kulturen, die von diesem großartigen Mann positiv beeinflußt wurden . . .«

Lorne Sanny, der Nachfolger von Dawson als Präsident der Navigatoren, sagte rückblickend auf das geistliche Vermächtnis von Dawson Trotman: »Dawson hat nicht in erster Linie ein vollständiges Lebenswerk mit bleibender Frucht hinterlassen – obwohl er genau dies tat! Er hinterließ auch keine geistlichen Methoden, die man nur einzusetzen brauchte und die dann von selbst weiterwirkten – obwohl er auch dies tat! Nein, Daws hinterließ ein Lebensprinzip, das in Menschen verkörpert wird, die dadurch in ihrem Leben für Gott Frucht bringen und eine Vision haben – die Vision der Vermehrung von Jüngern durch eine ›Methode‹ von Mann zu Mann; d. h. daß jeder einzelne, der für Christus gewonnen wird, wieder einen anderen für Christus erreicht und ihn im Glauben lehrt, dieser dann wieder andere erreicht und schult usw. Tausende von Menschen wurden auf diese Weise erreicht, nicht durch eine magische Persönlichkeit oder aufgrund besonders ausgeklügelter Methoden, sondern durch einen Mann, der fest entschlossen war, Gottes Willen zu erkennen, und der Gott zutraute, daß er ihm auch die Methode geben würde, um seinen Willen zu verwirklichen. Er war ein Mann, der sein Leben lang dem Wort Gottes fest vertraute.«

Cameron Townsend, der verstorbene Gründer der

Wycliff-Bibelübersetzer und einer von Dawsons engsten Mitarbeitern, beschrieb Dawson, indem er eine lustige Begebenheit erzählte:

»Als ich einmal in Los Angeles Vorträge halten mußte, quälten mich schlimme Rückenschmerzen. Ich konnte mich kaum bewegen, geschweige denn meinen Verpflichtungen als Redner nachkommen. Irgendwie schaffte ich es doch, das Wochenende zu überstehen. Als mich dann Bill Nyman zum Bahnhof in Pasadena brachte, hielten wir uns kurz im Büro der Navigatoren in Eagle Rock auf, damit ich mich von Daws verabschieden konnte, obwohl ich wegen meiner Schmerzen lieber nicht aus dem Auto ausgestiegen wäre.

Wir gingen langsam in sein Büro. ›Cameron, was ist los? Du gehst ja wie ein alter Mann!‹ Dawson packte mich, umarmte mich wie ein Bär, und . . . raten Sie mal, was dann geschah? Als er dies tat, renkte sich etwas in meinem Rücken wieder ein, und die Schmerzen waren weg! Daws erledigte immer alles mit einem besonderen Schwung! Aber dies war eben sein Lebensstil: um die Welt zu reisen, sich in christlichen Organisationen und bei Menschen der Gemeinde Jesu zu bewegen und sie so stark zu ›umarmen‹, daß dies oft ihren Schmerz und ihre Verletzungen, unter denen sie gelitten hatten, heilte.«

Hubert Mitchell, der erfahrene Missionar und christliche Leiter, erzählte ebenfalls von dieser Vitalität und diesem Schwung: »Daws war ein energischer Christ. Er diente den Menschen, und dadurch fühlte ich mich zu ihm hingezogen. Er hatte eine sehr große Ausstrahlungskraft, weil er das predigte, was er selbst vorlebte und glaubte und wofür er auch bereit war, sein Leben völlig hinzugeben. Dawson hat nie Kirchengeschichte, Theologie, Griechisch und Hebräisch studiert, aber seine praktische Erfahrung mit Gott war sehr real. Gott benutzte ihn aus diesen Gründen.«

Das Geheimnis seines Lebens bestand darin, daß er sich ganz zu Gott hingezogen fühlte und in seinem Bemühen, Christus näher kennenzulernen, so hartnäckig war. Diese Entschlossenheit und Hartnäckigkeit zeigte sich vor allem darin, daß er es schon zu Beginn seines Christseins schaffte, Gottes Wort »im Herzen zu behalten«:

»Ich lernte meine ersten tausend Bibelverse, indem ich es mir einfach zum Ziel setzte, jeden Tag einen zu lernen ... tausend Tage lang jeden Tag einen Bibelvers. Ich hätte es nie geschafft, wenn ich mich nicht hundertprozentig darum bemüht hätte. Dasselbe gilt für unser christliches Zeugnis. Unsere ersten freiwilligen Mitarbeiter hatten das Ziel, jeden Tag einen Menschen zu erreichen, jeden Tag einen Bibelvers zu lernen und jeden Tag eine Stunde mit Gott in einer persönlichen Stillen Zeit zu verbringen. Ich hätte alles getan, um davor bewahrt zu bleiben, ein Versagen von mir zugeben zu müssen. Es liegt in der menschlichen Natur, faul zu sein. Aber der Herr weiß das, und deshalb hat er uns einen Verstand gegeben, mit dessen Hilfe uns einsichtig wird, wie wir jedes Hindernis überwinden können. Der Feind legt uns solche Hindernisse in den Weg, um uns davon abzuhalten, Gottes Geboten zu gehorchen.«

»Seinen Geboten zu gehorchen« war das, was Dawson Trotman, der ein Diener Gottes war, in seinem Leben verwirklichte.

1906	25. März, Dawson Earle Trotman wird in Bisbee, Arizona, geboren.
1926	beginnt er seine geistliche »Odyssee« mit Gott in Lomita, Kalifornien.
1932	heiratet er seine Jugendliebe Lila Clayton.
1934	Der Name »Navigatoren« wird der offizielle Name der Bewegung unter dem Motto: »Christus kennen und bekanntmachen.«
1956	18. Juni, Dawson ertrinkt im Schroon-See, New York.

Denn siehe, ich will ein Neues schaffen,
jetzt wächst es auf, erkennt ihr's denn nicht?
Ich mache einen Weg in der Wüste
und Wasserströme in der Einöde.

Jesaja 43,19

1. KAPITEL:

Neuer Wein

Die Lebensjahre von Dawson Trotman, 1906 bis 1956, umfaßten ein bedeutendes halbes Jahrhundert – fünfzig Jahre gewaltiger Leistungen und Errungenschaften in atemberaubender Geschwindigkeit.

In der Mitte dieser Jahre herrschte in den Vereinigten Staaten eine niedergeschlagene und verwirrte Stimmung. Man war unsicher, welche Rolle man in der Weltpolitik spielen und welche Ziele man verfolgen sollte. Dann, am 7. Dezember 1941, brach Amerika zornig auf, um vier Jahre später einer der Sieger des Weltkrieges zu werden.

Nachdem die westliche Welt, Amerika einbezogen, aus den bitteren Erfahrungen der großen Wirtschaftskrise und des Zweiten Weltkrieges gelernt hatte, setzte ein neuer Prozeß ein: Die Saat der zwei großartigen humanistischen Konzepte »Freiheit« und »Wohlstand« wurde gesät. Die westlichen Regierungen glaubten, daß kein verarmter Mensch wirklich frei sein könne und daß in einer freiheitlichen Gesellschaft kein Mensch mehr arm sein müßte.

1932, als Dawson Trotman und Lila Clayton sich in der Kirche von South Lomita die eheliche Treue schworen, machten sich Ernüchterung und Entmutigung in ganz Amerika breit. Die Amerikaner, die noch in den 20er Jahren sehr optimistisch gewesen waren, schienen sich jetzt resigniert mit der Unabänderlichkeit des Geschichtsverlaufs abgefunden zu haben.

Eine nationale Umwälzung

In den 30er und 40er Jahren waren es drei Faktoren, die die Bürger Amerikas schwer belasteten. Erstens brachte der finanzielle Zusammenbruch 1929 eine politische und wirtschaftliche Krise, die die Nation in eine tiefe wirtschaftliche Not versetzte. Zweitens wurde die Kriegsmaschinerie durch Deutschland und Japan so angekurbelt, daß eine weltweite politische Unruhe entstand, während der amerikanische Präsident Franklin D. Roosevelt versuchte, seine Nation aus der großen Wirtschaftskrise herauszuführen. Neue Modelle der Arbeitsorganisation, neue Behörden und eine militärische Einsatzbereitschaft wurden in seinem berühmten »New Deal«-Plan vorgeschlagen und auch ins Leben gerufen. Der Plan fand bei einigen Zustimmung, andere verurteilten ihn.

Drittens gab es eine theologische Umwälzung. Die Fundamentalisten, die darauf bestanden, zur strengen Frömmigkeit und zu den »Fundamenten« des Christentums zurückzukehren, ergriffen im Bereich des Gemeindebaus, der Jugendarbeit und der Mission die Initiative. Die »Modernisten« wurden als die Feinde des Evangeliums angesehen. Der achtzehnte Zusatzartikel zur amerikanischen Verfassung schuf die »Prohibition« (Alkoholverbot) – es folgte eine Zeit der Feindschaft gegenüber dem Alkohol und übermäßigem Alkoholgenuß. Es bestand aber auch Gleichgültigkeit und Teilnahmslosigkeit seitens der institutionellen Kirche in bezug auf die geistlichen Bedürfnisse in Amerika und in anderen Ländern.

Aber in dieser Zeit der Teilnahmslosigkeit der »etablierten Kirchen« wirkte Gott auf neue Weisen. Die alten Weinschläuche der Kirche konnten den geistlichen Gärstoff nicht mehr halten. So entstanden neue christliche Organisationen und Gruppen. Die Blütezeit der Bibelschulen, der unabhängigen Missionsgesellschaften, der unabhängigen theologischen Seminare und der freien bibelgläubigen Gemeinden war angebrochen. Fast alle Vorstöße geschahen unabhängig voneinander. Wegen der Arbeitslosigkeit, Nahrungsmittelknappheit und dem Fehlen sozialer Strukturen erlebten die »billigen Vergnügungsviertel« in den größeren Städten Amerikas einen Boom. Dies hatte aber auch die Gründung der »Hilfsmissionsbewegung« zur Folge, um diese »heruntergekommenen kaputten Menschen« zu erreichen.

Dieses ganze Jahrzehnt war in der Kirche von einem »Trennungsgeist« gekennzeichnet. Die Auswirkungen dieser theologischen und kirchlichen Verwirrung und Krise führten dazu, daß sich der Wagen der evangelischen Kirchen und Gemeinden im Sumpf festfuhr und »die Reifen platzten«. Die Wirtschaftskrise, die politischen Unruhen und die theologische Umwälzung hinterließen ein Volk, das – um im Bild zu bleiben – kein Benzin mehr und eine Reifenpanne hatte und dringend eine Generalüberholung brauchte.

Geistliche Aufbrüche

Aber aus all diesem erwuchsen hoffnungsvolle Aufbrüche. Der neue Wein des Gärstoffes des Heiligen Geistes wurde verfügbar. Geldprobleme veranlaßten die Menschen, grundlegende Werte zu überprüfen. Der Zweite Weltkrieg wurde zu einem Kampf, für den es sich lohnte, sein Leben zu opfern – und im wahrsten Sinne des Wortes taten dies auch viele junge Männer auf den Kriegsschauplätzen überall auf der Welt.

Die zwanzig Jahre von 1926 bis 1946 könnten als eine katastrophale Zeit für die Kirche Jesu Christi angesehen werden, aber Gott wirkte die ganze Zeit im Verborgenen. In diesen Jahren bereitete er seine auserwählten Männer für die neuen Dinge vor, die er im nächsten halben Jahrhundert tun wollte.

Diese Art der Vorbereitung im Verborgenen ist nicht ungewöhnlich. Oft bereitet Gott gerade in den dunkelsten Stunden der Geschichte eines Volkes die Menschen vor, die er als seine neuen Werkzeuge auserwählt hat. Aus dem Mittelalter, einer sehr dunklen Zeit in Europa, erstrahlte neues Licht, neue Männer traten hervor, und es kam zu einer Reformation in- und außerhalb der organisierten Kirche. In diesen Jahren waren Männer und Frauen, nicht Institutionen und Organisationen, Gottes Methode. Während die mächtigen politischen, wirtschaftlichen und religiösen »Eichen« unserer Nation gefallen waren, bewirkte der Herr, daß im Hinterland ganz neue, junge Bäume aufwuchsen.

Während Dawson Trotman als junger Sprößling im südlichen Kalifornien aufwuchs, sorgte der himmlische Gärtner dafür, daß auf dem ganzen amerikanischen Kontinent »kleine Bäume« heranwuchsen. Stacey Woods half dabei, den amerikanischen Zweig der »Inter-Varsity Fellowship« (IVF) in Kanada zu organisieren, einer Missions- und Jüngerschaftsschulungsarbeit unter Studenten, die bald in ihrer Ausrichtung und Auswirkung weltweit werden sollte. Jim Rayburn wurde in Dallas, Texas, für die Leitung der »Young Life Campaign« geschult, einer missionarischen Arbeit unter High-School-Schülern. Billy Graham kam von einem

Bauernhof in Nord-Carolina und begann seinen Dienst als Pastor und Rundfunkevangelist. Später kam Bill Bright aus dem mittleren Oklahoma, um auf der UCLA-Universität in der Nähe von Los Angeles für seine weltweite Arbeit mit »Campus Crusade« herangebildet zu werden. Andere Bäume, die Gott in dieser Zeit pflanzte, waren Dick und Don Hillis, Torrey Johnson, Cliff Barrows, V. R. Edman, Dave Morken, Hubert Mitchell, Charles Fuller, Bob Pierce, Henrietta Mears, Jack Wyrtzen, Bob Evans, Theodore Epp, Lewis Talbot, neben Hunderten von Pastoren, Pädagogen, Gemeindeleitern und Missionaren.

Viele dieser Männer und Frauen waren enge Freunde und Kameraden von Dawson Trotman. Jeder von ihnen war ein Mann oder eine Frau, die für Gott »in die Bresche sprangen« wie der Knecht, von dem es in Hes 22,30 heißt: »Ich suchte unter ihnen, ob jemand eine Mauer ziehen und in die *Bresche* vor mir treten würde für das Land, damit ich's nicht vernichten müßte.«

In Hes 22,23–31 wird um das Jahr 600 v. Chr. das gleiche berichtet, was in den Tagen Dawson Trotmans in den Zeitungen stand. Die Propheten, die Priester, die Prinzen und Fürsten und das Volk hatten »den Ankerplatz« verlassen. Nur wenige hatten ein Herz für Gott. Während Gott in Israel keinen Mann außer Hesekiel finden konnte, der bereit gewesen wäre, in die Bresche zu springen, fand er im ersten Teil des 20. Jahrhunderts in der englischsprachigen Welt eine ganze Reihe von Menschen, die »eine Mauer zogen und in die Bresche traten«. Diese Menschen kamen nicht aus den gleichen christlichen Organisationen und waren auch von ihrer christlichen Herkunft her sehr unterschiedlich. Sie waren aber alle »evangelikal« und Mitglieder eines Teams für

Gott. Sie hätten alle übereinstimmend mit den Worten von C. T. Studd gesagt: »Wenn Jesus Christus Gott ist und für mich gestorben ist, dann kann mir kein Opfer für ihn zu groß sein.«

Ein geteiltes Herz kann nie völlige Befriedigung bringen. Der Mann mit geteilten Interessen wird selten bei irgendwas Erfolg haben. Wenn er in seinem Beruf oder bei einer Aufgabe Erfolg erleben möchte, muß er dieser Sache den größten Teil seiner Zeit, seine besten Kräfte und seine ganze Aufmerksamkeit widmen ... Dasselbe gilt für den Mann, der sich von Gott gebrauchen lassen möchte, nur noch in viel höherem Ausmaße. Die Arbeit muß ihm das Wichtigste sein und seine ganze Aufmerksamkeit erfordern. Er hat keine Zeit für irgendwelche anderen Dinge.

Oswald J. Smith

2. KAPITEL:

Ein irdenes Gefäß

Dawson Trotman entsprach nicht dem traditionellen »kirchlichen« Bild eines Heiligen. Er war sehr natürlich, hatte Humor und war völlig unkonventionell. Er hatte keine höhere Schulbildung. Er verzichtete bewußt auf eine formelle Ordination für seinen Dienst, richtete sich nicht nach einer bestimmten »Predigtlehre« und besaß ein instinktives Mißtrauen gegen jede Art von Tradition. Er ging an fast alle neuen Dinge oder Verhaltensweisen ohne vorgefaßte Meinung heran.

Dawson glaubte, daß noch lange kein Grund dafür bestünde, eine Sache in einer bestimmten Weise zu behandeln oder zu erledigen, weil dies immer schon so gehandhabt wurde. Er ließ sich nicht von starren Verhaltensweisen beeindrucken. Er ließ sich auch nicht einschüchtern, wenn seine Vorgehensweise nicht die Zustimmung der Traditionalisten fand. Wenn er die wirkliche Ursache eines Problems herausgefunden hatte, versuchte er durch das Gebet und mit Hilfe des gesunden Menschenverstandes eine Lösung zu finden.

Dawson war Optimist. Die Aussage »Das ist unmöglich« veranlaßte ihn nur, zu beweisen, daß es doch getan werden konnte. Ob er nun an einem missionarischen Projekt interessiert war, sich für eine Großstadtevangelisation mit dem Billy-Graham-Team einsetzte oder ein Umbauprojekt der amerikanischen Geschäftsstelle der Navigatoren beaufsichtigte, er tat all dies immer mit seiner ganzen Kraft, oder er engagierte andere, die in diesem Bereich besonders begabt waren. Dawson brachte selten etwas nur zur Hälfte fertig. Er war erfinderisch. Er durchschaute sehr schnell die Schwierigkeiten einer Situation und fand oft einfache und unkomplizierte Lösungen. Wenn er die Knoten nicht lösen konnte, durchschnitt er sie einfach!

Eine solche Art, die Dinge anzupacken, weckte natürlich Kritik von seiten der etablierten Kirche. Wo die Kritiker offensichtlich recht hatten, hörte Dawson auf sie, und manchmal änderte er seine Methoden. Aber wo seine Überzeugungen und Ansichten sehr stark waren oder wo die Kritiker schlecht informiert waren, versuchte er zuerst, seine Kritiker von der Richtigkeit seiner Haltung zu überzeugen. Wenn dies nicht gelang, schenkte er ihnen einfach keine Beachtung mehr und blieb bei seinem Kurs.

Der englische Kirchenmann Richard H. Froude schrieb einmal an seinen engen Freund Thomas Carlyle folgende Worte über Menschen, die überall Fehler suchen und ständig ihre Kritik ausdrücken:

> »...die Nebelwolken der Kritik umgeben nun einmal einen Berg. Menschen, die diesen Nebel nicht wollen, sollen sich mit Ebenen und Wüsten zufriedengeben. Diese Nebelwolken gehören nun einmal zu den Bergen. Aber bald werden sich die Nebel auflösen, und der Berg wird in all seiner majestätischen Schönheit im morgendlichen Sonnenschein dastehen. Die meisten Menschen werden sich allerdings in den Tälern aufhalten, weil nur wenige danach streben, den Gipfel zu erklimmen.«

Dawson war solch ein »Berg«. Die Nebelwolken der

Kritik umgaben ihn, besonders am »frühen Morgen« seines Dienstes, aber gegen Ende seines Lebens erlebte er das klare Sonnenlicht der weltweiten Annahme durch andere führende Christen.

Ein Abenteuer für Gott

Für Dawson war die Wahrheit nicht etwas, das man auf Eis legt. Er glaubte fest daran, daß man die biblischen Wahrheiten im Alltag in die Praxis umsetzen konnte. Weil das Christentum von jemandem gegründet wurde, der als Mensch das erlebte, was wir erleben, glaubte er, daß die Nachfolger Jesu auch in der Lage sein müßten, die Wahrheit in einer sehr praktischen Art mit ihrem Leben in Verbindung zu bringen.

Dawson war auch optimistisch. Weil er sich ganz persönlich auf die Verheißungen der Bibel verließ, entwickelte er ein gesundes Selbstbild. Er war sicher, daß der Gott Abrahams, Isaaks und Jakobs die Verheißungen der Schrift trotz aller menschlichen Schwächen oder Grenzen, die im Wege stehen könnten, erfüllen würde. Er war ein selbstbewußter und positiver Mensch, und doch setzte er sein ganzes Vertrauen auf Gott. Deshalb war sein Leben auch von Demut erfüllt.

Ein Gemeindeleiter beschrieb ihn mit folgenden Worten: »Dawson appellierte an jene Abenteuerlust, die in jedem von uns steckt. Er forderte uns heraus, mehr als mittelmäßige Christen zu sein. Er hatte die Fähigkeit, das Beste, das in jedem von uns schlummert, hervorzubringen. Daws hatte diese positive Eigenschaft, die ihn dazu bewegte, bei allem, was er tat, hervorragende Leistungen erbringen zu wollen. Ich hatte nie das Gefühl, daß er mit Mittelmäßigkeit in irgendeinem Bereich zufrieden gewesen wäre, ob er nun Football spielte, Bibelverse auswendig lernte, eine Predigt hielt oder andere ermutigte, Christus nachzufolgen.«

Immer zu Scherzen aufgelegt

Dawson hatte einen seltenen Sinn für Humor. Es machte ihm Freude, Uneingeweihte mit einem Scherz hereinzulegen und dann gemeinsam mit ihnen kräftig darüber zu lachen. Wenn die Familie Trotman und ihre Freunde zum Beispiel in Süd-Pasadena beim Abendessen beisammen saßen, klingelte es manchmal während einer Gesprächspause. Dawson sagte dann zu einem neuen Gast: »Würde es Ihnen etwas ausmachen, an die Tür zu gehen, um nachzusehen, wer dort ist?« Der Gast, der sich über diese Bitte wunderte, ging zur Haustür. Da er dort niemanden vorfand, kam er zurück ins Eßzimmer, wo es dann noch einmal klingelte. Daws schickte ihn dann an den Hintereingang; er meinte, daß dies vielleicht ein Einschreibebrief sein könne. Der Gast suchte mühsam durch die Küche die Hintertür, nur um festzustellen, daß auch dort niemand war. Wenn er dann an den Tisch zurückkam, brachen alle in schallendes Gelächter aus. Erst jetzt zeigte Dawson seinem Gast den Knopf unter dem Eßtisch, den er bediente, um seine Gäste richtig in die Familie einzuführen.

Seine Scherze dienten dazu, manche »ernsthafte« Christen locker zu machen, aber manchmal riskierte er es, scharf getadelt zu werden, wenn er zu weit ging. Er trug zum Beispiel eine Scherzblume an seinem Mantelkragen, die in das Auge der unwissenden Personen, die sich vorgelehnt hatten, um an der Blume zu schnuppern, Wasser spritzte. Dann der Knallforsch, der an seinem Regenschirm befestigt war und der explodierte, wenn der Schirm geöffnet wurde. Sehr oft verlor jemand seine einstudierte Gelassenheit durch solch eine respektlose Behandlung.

Dawson konnte sehr gut Witze erzählen, und er benutzte selten »alte Kamellen«. Er konnte auch Scherze anderer vertragen, aber das fiel ihm doch schwerer.

Es war sein Stil, andere zwanglos zum Narren zu halten. Er liebte es, andere zu necken, er steckte voller wohlwollender Scherze. Die folgende kleine Anekdote von Clyde Taylor, dem Direktor der amerikanischen Vereinigung der Evangelikalen, beschreibt Dawsons Humor am besten:

»Ich erinnere mich, wie wir in Brasilien ankamen, nachdem wir fast die ganze Nacht hindurch gereist waren. Schließlich kamen wir um 1 Uhr morgens im Hotel an. Wir konnten nur noch vier Stunden schlafen, bis wir um 6 Uhr wieder telefonisch geweckt wurden. Wir mußten uns sehr beeilen, um noch rechtzeitig zu einem Frühstückstreff mit einigen der dort arbeitenden Pastoren auf der anderen Seite der Stadt zu kommen.

An diesem Morgen hatten Daws und ich kurz miteinander gebetet, und darin erschöpfte sich unsere ganze Stille Zeit. Nur Dawson wiederholte noch einige seiner Bibelverse, während das Taxi mit uns durch die dichtbevölkerten Straßen fuhr. Aber was machte Daws an diesem Morgen in seinem Referat? Er benutzte mich als lebendiges Beispiel dafür, daß wir unsere Stille Zeit jeden Morgen ohne Ausnahme machen sollten! Er wandte sich vor der ganzen Gruppe an mich und sagte: ›Übrigens, Clyde, wieviel Zeit hast du dir heute morgen für deine Andacht mit Gott genommen?‹ Ich dachte mir: Dieser schlaue Halunke, der weiß genau, wieviel Zeit wir für unsere Stille Zeit hatten... wir waren beide so todmüde, daß wir uns kaum bewegen konnten, und er weiß, daß ich mir genausoviel Zeit nahm wie er, und das bedeutet: fast keine! Und ich antwortete: ›Dawson, das ist wirklich eine dumme Frage, die du mir da stellst, denn du weißt, daß wir heute morgen zusammen die Zeit mit dem Herrn verbrachten.‹

Dawson sah mich nur an, lächelte und nickte, was soviel bedeutete wie: ›Warte nur, Clyde, das nächste Mal kriege ich dich!‹ Man mußte jederzeit darauf gefaßt sein, auf diese Art ›durch den Kakao gezogen zu werden‹. Es kümmerte Daws wenig, ob der Ausgang für den anderen positiv war oder nicht. Sehr oft stellte er keine Frage, solange er nicht ziemlich sicher war, daß es nicht der Fall war.«

Ein barmherziger und strenger Lehrer

Dawson machte nicht nur gerne Spaß, er war auch sehr kreativ und doch diszipliniert. Ein Mitarbeiter der Navigatoren hatte folgende schöne Erinnerung an Dawson: »Dawson war immer in Eile. Damit meine ich, daß er sehr schnell ging oder lief. Er war ganz auf seine Arbeit konzentriert, und deswegen beeilte er sich. Aber er gab mir nie das Gefühl, daß er es eilig hatte, mich loszuwerden, denn ich spürte, daß er gerne mit mir zusammen war. Obwohl er förmlich durchs Leben rannte, um seine Aufgabe zu vollenden, hatte ich nie den Eindruck, daß er zu viel zu tun hatte, um sich um seine Mitmenschen zu kümmern. ›Ich bin sehr beschäftigt mit der Arbeit für den König, aber nicht so sehr, daß ich mich nicht um seine Leute kümmern könnte‹ – so könnte man ihn vielleicht am besten beschreiben.«

Er war freundlich und zart, aber er konnte auch sehr rauh und hart sein, besonders mit den Menschen, die ihm am nächsten standen, die er liebevoll seine »Bande« nannte. Er ging hart mit Heuchlern um und mit solchen, die mit Gott spielten. Viele sahen in ihm nur den rauhen und strengen Lehrer, und trotzdem war er auch der liebevolle Vater und der gutmütige Christ, der andere mit viel Liebe zu Jüngern heranbildete. In seinen Reden vor anderen Organisationen lobte er seine Leute, aber unter vier Augen konnte er sehr streng mit ihren Fehlern ins Gericht gehen.

Einer der Mitarbeiter der Navigatoren erinnerte sich, wie er einmal von Dawson scharf zurechtgewiesen worden war. Es fiel ihm schwer, dies zu verarbeiten, aber Daws half ihm später, es richtig einzuordnen: »Als ich ihn das nächste Mal sah, lud er mich zu einem Spaziergang ein. Ich werde ihn nie vergessen. Er streckte seine Hand aus und sagte: ›Du wirst vielleicht von anderen hören, daß ich dies oder das über dich denke, aber ich bitte dich, nicht daran zu glauben. Wenn ich dir je etwas zu sagen habe, dann werde ich es dir direkt ins Gesicht sagen. Wenn wir uns darüber einig sind, immer offen miteinander zu sein, dann wird uns der Teufel nie auseinanderbringen können.‹ Wir besiegelten den gefaßten Entschluß mit Handschlag. In all den Jahren hat mir diese Erfahrung geholfen, kleine Unstimmigkeiten, Eifersüchteleien und Feindseligkeiten zu überwinden, die uns so oft darin lähmen wollen, Christus wirklich zu kennen und bekannt zu machen.«

Dawson besaß weder jede geistliche Gabe, noch war er vollkommen. Er selbst sagte einmal: »Die Navigatoren haben jeden nur erdenklichen Fehler wenigstens einmal gemacht.« Es ging um Glaubenseifer ohne Wissen, und Wissen kommt nur aus der Erfahrung. Verwaltungsarbeit war nicht gerade Dawsons Stärke. Er war ein Pionier, ein Wegbereiter und ein Bahnbrecher für neue Gebiete und für die neuen Ziele der Jüngerschaftsschulung.

Diese einfache Tatsache erklärte einige seiner Unzulänglichkeiten. Mit Dawson Trotman lernte die Kirche des 20. Jahrhunderts einen hervorragenden Strategen kennen; und doch erlebte ihn sein eigenes Team bei den Navigatoren oft als einen frustrierten Präsidenten und Direktor. Er war ein Perfektionist und konnte es nicht ertragen zu sehen, wie andere ihre Arbeit unvollkommen erledigten. Seine Unfähigkeit, Verantwortung an andere zu delegieren, wurde zu einem »Pfahl in seinem Fleisch«.

Daws war kein »supergeistlicher Held«, sondern ein bahnbrechender Pionier, ein Forscher für Gott und ein Künstler. Wie er selbst sagte, war er aus demselben Ton gemacht wie wir alle. Er beschrieb sich selbst mit den Worten aus 2 Kor 4,7: »Wir haben aber diesen Schatz in irdenen Gefäßen, damit die überschwengliche Kraft von Gott sei und nicht von uns.« So sah Dawson sich selbst – ein einfaches tönernes Gefäß, ein vergänglicher Behälter.

Er legte Grundlagen

Dawson hielt nicht viel davon, sich auf einen »Lebens-Bibelvers« zu berufen. Trotzdem sagte er, wenn er einen solchen Vers zu benennen hätte, sei es Jes 58,12: »Und es soll durch dich wieder aufgebaut werden, was lange wüst gelegen hat, und du wirst wieder aufrichten, was vorzeiten gegründet ward; und du sollst heißen: ›Der die Lücken zumauert und die Wege ausbessert, daß man da wohnen könne.‹«

Die Bilder des Aufbaus und der Bauweise bestimmten seine Gedanken. Daws sah seinen Dienst als Baumeister – als Restaurator. Er und seine Männer fühlten sich am wohlsten, wenn sie hinter den Kulissen wirken konnten. Wie wir im Laufe dieses Buches noch sehen werden, identifizierte er sich mit dem Apostel Paulus in 1 Kor 3,9 bis 10 als »Gottes Mitarbeiter . . . Ich nach Gottes Gnade, die mir gegeben ist, habe den Grund gelegt als ein weiser Baumeister; ein anderer baut darauf.« Sein Auftrag und die Aufgabe, der er sein Leben widmete, bestanden darin, »die Grundlagen für viele kommende Generationen« zu legen.

Ein Baumgärtner

Dawson stufte sich auch als Baumgärtner für Gott ein, der junge Bäume für den Schöpfer pflanzt, sie versorgt und sie beschneidet. In seiner originellen und schlichten Art zog Dawson auf einer Konferenz des Navigatorenmitarbeiterstabs in Kalifornien folgenden praktischen Vergleich:

»Jeder neue Baum beginnt sein Leben in einer Blüte.

Wenn ein Baumsame zu wachsen beginnt, dann ist ein neuer Baum geboren. Dieser Baum in dem Samen ist winzig klein, aber er hat schon alle wesentlichen Bestandteile eines Baumes – Wurzeln, Stamm und eine Baumkrone. Solange Bäume leben, hören sie nicht auf zu wachsen . . . Bei Tieren und auch bei Menschen ist das nicht so. Aber Gott hat es so geplant, daß Bäume ständig wachsen. Deswegen gefällt mir Jes 61,3 so sehr: › . . . daß sie genannt werden Bäume der Gerechtigkeit, Pflanzung des Herrn, ihm zum Preise.‹ Wir sind Bäume für Gott. Körperlich hören wir auf zu wachsen, aber wenn wir erst einmal vom Herrn gepflanzt sind, nimmt unser geistliches Wachstum kein Ende, bis wir sterben. Was möchtest du sein: ein Baum, der nur wenig Frucht trägt, oder ein Baum, von dem aus sich viele Obstgärten fortpflanzen, bis die Früchte mit Schiffen über die Meere gefahren werden, weil du ein Baum des Herrn zur Verherrlichung seines Namens bist?«

Ein leidenschaftliches Herz

Daws predigen zu hören, war schon packend. Er begann oft damit, daß er lustige Geschichten und Beispiele vortrug, aber er kam immer zu dem Punkt, den er eigentlich vermitteln wollte. Wenn er seinen Vortrag beendet hatte, fühlten sich seine Zuhörer wie die Jünger in Lk 24,32: »Wurde uns nicht ganz heiß ums Herz, als er unterwegs mit uns sprach und uns die Heiligen Schriften erklärte?« (Gute Nachricht)

Dawson Trotman suchte weder die Zustimmung der Masse noch den Lorbeerkranz der Gesellschaft, sondern er suchte den Herrn mit seinem ganzen Herzen. Er berief sich oft auf Jer 45,5: »Und du begehrst für dich große Dinge? Begehre es nicht!«

Er konnte großen Massen wie auch einzelnen dienen. Auf der Kanzel, als Sprecher auf Konferenzen, Seminaren oder in Universitäten erlebte man Daws als einen Mann, der einen Blick für die ganze Welt hatte. Wenn er dann aber in seinem Eßzimmer, an einem Flußufer oder in einem Liegestuhl auf der Veranda eines Hauses saß, konnte er einem einzelnen Menschen seine ungeteilte Aufmerksamkeit und Liebe schenken.

Wissen Sie, warum ich Christen so oft die Frage stelle: »Was ist das Größte, wofür du Gott in dieser Woche gebetet hast?« Ich erinnere sie daran, zu Gott, dem Vater, dem Schöpfer des Universums zu gehen. Sie beten zu dem einen, der die Welt in seinen Händen hält. Wofür habt ihr gebetet? Um Süßigkeiten, Spielzeuge, für irgendwelchen Plunder oder um Kontinente? Ich möchte euch sagen, junge Leute, das ist tragisch! Wir bitten unseren allmächtigen Gott um Kinkerlitzchen. Gewiß, nichts ist zu klein – aber ihm ist auch nichts zu groß. Laßt uns lernen, unseren großartigen Gott um einige der großen Dinge zu bitten, von denen er in Jer 33,3 spricht: »Rufe mich an, so will ich dir antworten und will dir kundtun große und unfaßbare Dinge, von denen du nichts weißt.«

Dawson Trotman

3. KAPITEL:

Ein unstillbarer Durst

Nachdem Dawson 1926 Jesus Christus als seinen persönlichen Herrn angenommen hatte, wurde er von dem Wunsch verzehrt, Gott besser kennenzulernen. Viele Menschen und Organisationen trugen entscheidend mit dazu bei, ihm bei der Verwirklichung dieses Wunsches zu helfen. Seine Heimatgemeinde beeinflußte ihn sehr stark, sowohl sein Pastor als auch die beiden Lehrerinnen an seinem Gymnasium, Frau Mills und Frau Thomas, die ihn mit seiner Mutter »in das Reich Gottes hineinbeteten«. Daws gab oft sein Zeugnis im »Fischerklub«, im Bibelinstitut von Los Angeles und in seiner EC-Gruppe. Es gab Dutzende von gottesfürchtigen Männern und Frauen, die ihm einen Anstoß zu Gott hin gaben.

Aber was ihn am meisten beeinflußte, war sein persönliches Zusammensein mit seinem Herrn. Denn obwohl er nach außen hin stark und unabhängig wirkte, war Daws innerlich völlig von Gott abhängig. Er verbrachte viele Stunden mit Bibelarbeit, Gebet, Auswendiglernen von Bibelversen, und er arbeitete die großen Lehren der Schrift systematisch durch.

Dawson freute sich an Gottes Größe, seiner Heiligkeit, seiner Macht, seiner Souveränität, seiner Gnade und seiner Liebe zu allen Menschen. Er brachte viele Stunden damit zu, 1 Mo 1–3 zu lesen, um den Gott der Schöpfung zu entdecken, und 1 Mo 12, wo er entdeckte, wie Abraham, der Vater der Juden, den lebendigen Gott kennenlernte. Er widmete den Propheten des Alten Testaments besonders viel Zeit, um herauszufinden, was sie über die Zeit, in der sie lebten, zu sagen hatten, und auch, was sie für die Zukunft vorhersagten. Er liebte die Botschaft der vier Evangelien.

Er hatte eine besonders *große* Sicht von Gott! Einer seiner Mitarbeiter sagte: »Ich war beeindruckt von Daws' Leben und der Art, wie er im Alltag mit Gott lebte, von seinem Glauben und der Art, wie Gott seine Gebete in einer sehr direkten Weise zu erhören schien. Hier war ein Mann, der persönlichen Kontakt mit Gott hatte. Gott war sehr real für ihn. Auch wenn er schwach war, war er mit Gott sehr groß und mächtig.«

Daws glaubte, daß Demut und Treue Voraussetzungen dafür waren, Gott besser kennenzulernen. Bei einem Vortrag vor einer Gruppe von Navigatoren in einem bekannten christlichen Konferenzzentrum in der Nähe von Santa Cruz, Kalifornien, sagte er:

»Der großartigste Mann, den ich kenne und der etwas Großes für Gott erreicht hat, hat dies nicht getan, weil er so talentiert war. Auch nicht, weil er eine so gute Schulbildung hatte. Nein, seine Treue war dafür ausschlaggebend. Er war ein Mann, der fest entschlossen war und der wußte, daß Gott größer war als er. Gott konnte all das für ihn und durch ihn tun, was er verheißen hatte. Dieser Mann gehorchte Gott bis in die kleinsten Details seines Lebens. Vielleicht spricht Gott jetzt mit einigen von euch. Gibt es hier einen Mann, der sechzig Jahre alt ist? Haben Sie Ihren Namen von der Liste derjenigen gestrichen, mit denen Gott noch etwas vorhat? Ich habe eine gute Nachricht für Sie: Der Mann, der den ›Fischerklub‹ und das Bibelinstitut von Los Angeles gründete, war ein Sechzigjähriger. Er hatte sechs junge Mitarbeiter aus Los Angeles, und aus diesen Gebetstreffen heraus wurden der Klub und die Bibelschule gegründet. Gott kann Sie gebrauchen. Er möchte es so sehr. Gott kann Ihre Lebenserfahrung und Ihre Talente einsetzen, wenn Sie sie ihm übergeben.

Wenn ich mit einem Menschen über den Dienst für Gott spreche, höre ich so oft, wie man mir sagt: ›Aber, Herr Trotman, ich bin so schwach und habe keinerlei Talent.‹ Dann antworte ich: ›Sie können von Gott gebraucht werden, wenn Sie bereit sind, zu beten und fest zu vertrauen.‹

Was ist deine Ausrede? Gott hat für jede Ausrede und für jede Entschuldigung des Menschen eine Antwort. Bekenne ihm deine Ausreden. Sage ihm heute abend, daß er groß genug ist, daß die Aufgabe groß genug ist und daß du dich freiwillig dafür meldest. Sage es ihm – er wird das Seine tun.«

Ein Mann des Gebets

Dies waren die Jahre in Dawsons Leben, wo der Heilige Geist ihm den Schleier von den Augen nahm, damit er erkennen konnte, welche Kraft in einem regelmäßigen Gebetsleben liegt. Oft wurde Daws in späteren Jahren von jungen Leuten gefragt, wieviel Zeit er mit dem Herrn im Gebet verbrachte. Hier ist eine typische Antwort:

»Ich glaube nicht, daß *die Zeit* etwas damit zu tun hat, ob Gott mich *hört* oder nicht; aber ich glaube, daß die Zeit etwas damit zu tun hat, ob mein Glaube beim Gebet aufgebaut wird, wenn ich mich zu Gott hin ausstrecke. Ich glaube nicht, daß Gott die großartigen und mächtigen Dinge aus Jer 33,3 denen geben wird, die durch ein kurzes Gebet morgens und abends ihr Gewissen beruhigen.

Wenn du dir nicht einmal den 48. Teil dieses Tages Zeit

nehmen kannst, um mit deinem allmächtigen Gott und Vater allein zu sein, dann bezweifle ich, ob er viel durch dich tun wird.«

Obwohl Dawson sehr viel Zeit allein im Gebet verbrachte, war er in seinem Gebetsleben kein Einzelgänger. Er liebte diese Zeit der Einsamkeit, aber er konnte ebenso tief die Gebetsgemeinschaft mit anderen genießen. Er konnte eine Stunde mit jemandem beten, und oft gab es nächtelange Gebetsgemeinschaften. Er forderte uns oft auf, die Stille mit Gott zu suchen und »zu beten, zu beten und noch einmal zu beten, bis wir ganz sicher waren, daß jeder Bereich unseres Lebens abgedeckt war, der seine Vergebung, seinen Segen und göttlichen Einfluß brauchte.«

Es machte ihm große Freude, mit Männern Gottes auf den Knien zu sein. Daws erinnerte sich: »Die Gebetszeiten am frühen Morgen in der Innenstadt von Los Angeles waren wirklich gesegnet. Bob Munger, Dick und Don Hillis, Rudy Atwood und Roy Creighton vom EC und ich beteten zwei Jahre lang regelmäßig miteinander. Wir trafen uns jeden Donnerstagmorgen von 5 bis 7 Uhr. Wir beteten für unsere Stadt Los Angeles, für Probleme der Jugend, für die Kinder unserer Familien, und dann ›marschierten‹ wir im Gebet durch unser Land – wir begegneten im Gebet wirklich Gott –, und wir beendeten die Gebetsgemeinschaft immer damit, für die Weltmission zu beten. Als wir so für unsere Stadt, für unser Volk und dann für die entlegensten Gebiete der Welt beteten, wurden in meinem Leben wirklich stabile Fundamente gelegt.«

Schon zu Beginn seines Weges mit Gott wurde das Gebet die wichtigste Gewohnheit in Dawsons Leben. Sein Tagebuch ist voll von Gedanken über das Gebet, in denen er sich selbst erforscht: »Ich hatte heute morgen eine wirklich gesegnete Gemeinschaft mit dem Herrn. Die Bedeutung des *Gebets* wurde mir wieder ganz neu bewußt, weil das Gebet wesentlich dazu beiträgt, daß man viel für Gott erreichen kann. Ich faßte den Entschluß, es mir wieder neu zur Gewohnheit zu machen und darin treu zu bleiben, *viel Zeit mit Gott zu verbringen*. Es stimmt tatsächlich, daß das Gebet eine schwierige Arbeit ist, so erfrischend und wunderbar es auch ist!«

In dieser Zeit schrieb Daws ebenfalls in sein Tagebuch: »Wir hatten ein wunderbares Treffen in San Pedro. Anschließend beteten Ed, Bill, Jim, Walt und ich bis 23 Uhr zusammen. Einige der Männer gingen dann nach Hause. Jim, Walt und ich verbrachten die ganze Nacht mit Gott im Gebet.«

Am folgenden Tag traf er sich wieder mit fünf Männern und hatte mit ihnen eine Gebetsgemeinschaft auf einem Hügel, dann ging er nach Harbor City und predigte. Es war Freitag, der 30. August. »Ging um 21 Uhr zu der alten Kirche und betete, bis ich mich nicht länger wach halten konnte. Legte mich auf den Fußboden und schlief bis zum Tagesanbruch, wo ich dann wieder mein Herz vor dem Herrn ausschüttete.«

Jahre später hatte er die gleiche Gebetslast. Daws befand sich mit Clyde Taylor auf einer Missionserkundigungsreise durch Südamerika. Taylor berichtete darüber:

»Ich war tief bewegt von seinem Gebetsleben. Daws sagte manchmal auf unserer Reise, wenn wir nach einem übervollen und ermüdenden Tag nur noch ins Bett fallen wollten: ›Clyde, ich glaube, daß ich jetzt gerade ein paar Stunden mit dem Herrn brauche‹, und dann ging er in die Nacht hinaus. Ich wußte, daß er vielleicht erst ein paar

Stunden später zurückkommen würde. Der Segen dieses Alleinseins mit Gott zeigte sich dann am nächsten Tag in seinem Leben durch eine neue Frische, eine tiefere Frömmigkeit und eine tiefere Kenntnis der Schrift. Daws konnte ohne diese göttlichen ›Infusionen‹ nicht leben. Anscheinend konnte er ohne Schlaf leben, aber nicht ohne ausgedehnte Gebetszeiten.«

Daws schrieb Dutzende von Verheißungen in bezug auf das Gebet auf die Tafeln seines Herzens. Der »Köcher« seines innersten Wesens war angefüllt mit »Pfeilen«, mit denen er das Herz Gottes erreichen konnte. Diese Bibelstellen sowie der Einfluß von gottesfürchtigen Menschen vermittelten ihm das Gefühl, daß das Gebet dringend notwendig ist.

Dawson wurde in den ersten Jahren seines Christseins am meisten durch Bücher beeinflußt, die er fast auswendig lernte, weil die Bibel bei ihnen im Mittelpunkt stand. Bücher von Hudson Taylor, Georg Müller und E. M. Bounds waren seine »Nahrung«. Diese Männer hatten viel Zeit mit Gott verbracht, und ihr Vorbild ermutigte Dawson zu einem tieferen Gebetsleben.

Vielleicht hatte keine Aussage – biblische Aussagen ausgenommen – einen größeren Einfluß auf sein Gebetsleben als dieser kurze Abschnitt aus dem Klassiker »Kraft durch Gebet« von E. M. Bounds:

»Menschen sind Gottes Methode. Die Kirche sucht nach besseren Methoden – Gott sucht nach besseren Menschen . . . Die Gemeinde des Herrn braucht heute nicht neue Organisationen, nicht noch mehr Methoden – sondern Männer, vom Heiligen Geist gesalbt und mit seiner Kraft ausgerüstet – Männer des Gebets, Männer, die im

Gebet kraftvoll sind. Der Heilige Geist fließt nicht durch Methoden, sondern durch Menschen. Er salbt keine Verwaltungsapparate, noch gibt er ihnen Kraft. Er heiligt keine Pläne, sondern Menschen des Gebets.«

Ein wachsender Eifer, Gott zu vertrauen

Aber großartige Männer des Gebets und des Gottvertrauens werden nicht einfach fertig geboren – sie müssen in ihre Rolle hineinwachsen. Es dauerte fast dreißig Jahre, bis Dawson solch ein erfahrener und kampferprobter Christ wurde.

Sein neues Leben in Christus begann, als er zwanzig Jahre alt war. Zuerst war sein Glaube so klein wie ein Senfkorn. Daws begann damit, Gott um 1,50 DM Busgeld und um die Lebensmittel zu bitten, die er und Lila für ihre Familie und für all die Matrosen benötigten, die täglich in ihr kleines Zuhause in dem Hafengebiet von Los Angeles kamen. Es dauerte viele Jahre, bevor er den Mut hatte, Gott im Gebet um 150 DM zu bitten, und noch länger, bevor er den Herrn um 350000 DM innerhalb eines Zeitraums von sechs Wochen bat, um mit diesem Geld für die Navigatoren in Colorado ein Haus für die neue Geschäftsstelle zu kaufen. Es dauerte 27 Jahre, bis in Dawson der Glaube von Kaleb heranreifte, wie er in 4 Mos 13,30 ausgedrückt wird: »Laßt uns hinaufziehen und das Leben einnehmen, denn wir können es überwältigen.«

Dawsons Glaube wuchs in ständig größeren Kreisen, ähnlich den Wellen, die ein Kieselstein verursacht, der in einen See geworfen wird. Er begann damit, Gott die

Erlösung seiner Nachbarn, Arbeitgeber und Freunde in Lomita und Long Beach (Kalifornien) zuzutrauen, bevor er glauben konnte, daß Gott überall in Amerika und in vielen Nationen der Welt Menschen retten würde.

Er und seine Frau Lila wuchsen gemeinsam in ihrem Glauben. Aber es geschah noch mehr. Als sie begannen, Gott in größeren Dingen zu vertrauen, nahmen sie andere Männer und Frauen mit sich auf den Weg des Glaubens. Weil sie selbst von den Verheißungen des allmächtigen Gottes lebten, konnten sie auch andere damit »speisen« und ihnen zeigen, wie sie diese Nahrung bekommen konnten.

Als Dawsons Selbstvertrauen und Gottvertrauen wuchsen, entwickelte er eine höhere Risikobereitschaft. Er handelte im Glauben, bevor Gott wirklich das Geld geschenkt hatte, und dieser Lebensstil zeigte sich auch in zunehmendem Maße bei den Menschen, die mit ihm in der gleichen Arbeit standen.

Was das Wichtigste war: Dawson gab nie auf! Er sammelte Menschen um sich, die wie er Gott vertrauten. Es war immer Teamarbeit: Dawson und Gott; Dawson, Lila und Gott; Dawson, seine Familie, seine »Bande« von Mitarbeitern und Gott. Je größer sein Einflußbereich wurde, desto mehr wuchs sein Glaube, damit er der zusätzlichen Verantwortung gerecht werden konnte. Er wurde auch durch den Glauben seines wachsenden Teams ermutigt. Gemeinsam suchten sie von Herzen Gott, in der Überzeugung, daß »wer zu Gott kommen will, der muß glauben, daß er ist und daß er denen, die ihn suchen, ihren Lohn gibt« (Hebr 11,6).

Im Spätsommer 1948 erlebte Dawson eine aufregende Gebetserhörung. Der erste Weltmissionskongreß von »Jugend für Christus« fand in der Bibelschule Beatenberg in der Schweiz statt. Vertreter von Jugendgruppen aus jedem größeren Land der Welt kamen dorthin. Einige der Leiter glaubten, eine unterschwellige Feindseligkeit und Bitterkeit zwischen den Gruppen aus den verschiedenen Nationen zu spüren. Es gab eine tiefe geistliche Unruhe, die zur Besorgnis Anlaß gab.

Eines Tages nach dem Mittagessen gingen vier der Männer – Bob Evans, Hubert Mitchell, Billy Graham und Dawson Trotman – an einen Ort in den Bergen, wo sie einander und vor Gott ihre Herzen ausschütten konnten. Daws erzählte, was sich dort zugetragen hat:

»Bevor wir beteten, hatten wir ein ›Beicht-Treffen‹. Wir fühlten alle, daß wir mehr Kraft in unserem Leben haben wollten, mehr Leitung des Heiligen Geistes, eine größere Kenntnis seines Wortes, und daß wir einfach ›irdene Gefäße‹ sein wollten, die rein und stark genug waren, den Willen Gottes zu tun. Wir schlossen dort auf dem Berg einen Bund, den wir mit einem Händedruck besiegelten. Wir versprachen einander, uns von diesem Augenblick an ganz dem Wort, dem Gebet und der Verkündigung des Evangeliums bis an die Enden der Erde hinzugeben!«

Gott hörte und erhörte ihre Gebete. Alle vier Männer sind auf bedeutsame Weise als Leiter für das Reich Gottes gebraucht worden – Bob Evans als umsichtiger Leiter der »Greater Europe Mission« in Europa; Hubert Mitchell als Pioniermissionar und Leiter in Indien und Indonesien; Billy Graham als Diener Gottes in der weltweiten Evangelisationsarbeit; und Dawson Trotman als Gründer der Navigatoren und Heranbilder von Jüngern. Es wäre faszinierend, herauszufinden, wie Gott jeden dieser vier Männer zu diesem »geistlichen Altar« in der Schweiz brachte, wo er so mächtig an ihnen wirkte.

Was Gott für diese vier Männer als Antwort auf ihre Gebete tat, das tat er auch für alle Kongreßteilnehmer. Sein Handeln wurde spürbar!

Es besteht kein Zweifel, daß Dawson zu diesem Zeitpunkt seines Lebens ein starkes Wachstum in seinem Glaubensleben erfuhr, ob es nun um seine Sonntagsschulklasse von sechs Jungen, seine persönlichen Finanzen, seine Ehe mit seiner geliebten Lila, sein eben flügge gewordenes Team von Mitarbeitern oder um die Arbeit mit den Männern in den Schweizer Bergen ging.

Daws nahm das Gebet sehr ernst, weil er Gott sehr ernst nahm. Der frühere Vizepräsident der Navigatoren, Jim Downing, erzählt eine Begebenheit, die diese Haltung sehr gut verdeutlicht:

»Die letzte Konferenz, an der ich gemeinsam mit ihm teilnahm, fand 1953 in Honolulu statt. Ich erinnere mich, daß wir morgens immer früh aufstanden, um Stille Zeit zu machen. Er schlug Psalm 103 auf und sagte zu mir: ›Jim, ich muß dir heute morgen schon etwas bekennen – ich war schon über eine halbe Stunde wach, und ich habe Gott noch um nichts Großes gebetet.‹ Dawson glaubte, daß er dreißig Minuten dieses Tages im wahrsten Sinne des Wortes verschwendet hatte!«

Daws hatte es sich zur Gewohnheit gemacht, in den ersten Stunden jedes Tages herauszufinden, was Gott für ihn für diese bestimmten 24 Stunden eingeplant hatte. »Herr, was liegt dir heute am Herzen? Denn das ist das, was auch ich im Sinn haben möchte.« Nachdem er dann in der Bibel geforscht und um Einsicht und Erleuchtung gebetet hatte und sicher war, alles bekannt und bereinigt zu haben, war er bereit zu handeln. Weil er Gott beim Wort nahm, vertraute er den Verheißungen, die er auswendig gelernt hatte. Er betete über diese Verheißungen und setzte seinen eigenen Namen ein. Dann ging er an seine Tagesaufgaben. Seinem Mitarbeiterstab erklärte er das so:

»Ihr müßt glauben. Glaubt der Bibel, glaubt Gott. Glaubt, daß er alles erfüllen wird, was immer er auch zugesagt hat. Und dann müßt ihr anfangen zu handeln. Ihr könnt nicht das tun, was *Gott* tun möchte; aber auf der anderen Seite wird Gott nicht das tun, was er von *euch* fordert. Bevor ihr Menschen in allen 48 Staaten der USA erreichen könnt, müßt ihr glauben und beten, damit ihr Menschen in *einem* Bundesstaat erreichen könnt. Bevor das geschehen kann, müßt ihr Gott für Menschen in einer Stadt vertrauen und beten; und das ist nur das Ergebnis eines Glaubens und Betens für eure Nachbarn in eurer Straße. Ich glaube, daß jeder Christ Zeuge sein kann, aber das Zeugnis muß in seiner Straße beginnen. Glaubt ihr das?«

Diese Gebetsrealität ist einer der Schlüssel zu Dawsons geistlichem Leben. Er konzentrierte sich auf den lebendigen Gott und auf seine Bereitschaft und Macht, seine Verheißungen zu erfüllen. Sein Glaube bewirkte, daß sein Leben zu einem Vorbild und einer Herausforderung nicht nur für seine Generation, sondern auch für die nachfolgenden Generationen wurde.

Schon zu Beginn seines Christseins war Daws durch das Auswendiglernen von Bibelversen ganz mit dem Wort Gottes erfüllt. Er versuchte das Gelernte in seinem Alltag umzusetzen, so daß er diese Verheißungen ganz persönlich verstand. Mit seinem ganzen Wesen glaubte Dawson, daß er aus dem, was Gott Abraham verheißen hatte, eine persönliche Anwendung ableiten könne. Selbst wenn sich die Verheißungen nicht persönlich *an ihn* richteten, waren sie doch sicherlich *für* ihn aufge-

schrieben worden. Dawsons Studium der Bibel überzeugte ihn davon, daß »alle Verheißungen mir gehören«, und daß »ich mich im Glauben – soweit möglich –
auf jede einzelne stützen werde!«

Er nahm diese Verheißungen für sich persönlich wie
auch für die Weltmission in Anspruch. Er war ganz
sicher, daß Gott sie trotz aller Schwächen, die es geben
könnte, oder trotz unmöglicher Umstände, die im Weg
stehen könnten, erfüllen werde. Er sagte immer wieder
gerne: »Glaube wächst nur durch Übung und in unmög-
lichen Situationen!«

Kein Problem ist für Gott zu groß

Die ersten zwanzig Jahre seines Lebens verliefen für
Daws nicht sehr positiv. Eine angeschlagene Gesundheit, ein schwacher Körper und fragwürdige Bekannt-
schaften setzten ihm ständig zu. Und doch war Dawson
in den letzten dreißig Jahren seines Lebens ein selbstbewußter und positiv denkender Mann, der Tausende
ermutigte und auch immer wieder eifrig ermahnte.

Alle geistlichen Führungskräfte spüren genau, wo es
ihnen mangelt. Daws bildete keine Ausnahme. Weil er
seine Schwächen so klar erkannte, erkannte er auch die
absolute Notwendigkeit der göttlichen Hilfe. Er glaubte, daß Gott sein Leben völlig beherrschen müsse.
»Nicht ich, sondern Christus« war seine Devise. Weil er
Gottes Verheißung in Jer 33,3 vertraute, daß Gott
denen antworten wird, die ihn anrufen, existierte das
Wort »unmöglich« nicht in seinem Vokabular. Hatte
Gott uns nicht folgende Frage gestellt und uns damit
eine feste Zusage gemacht: »Siehe, ich, der Herr, bin

der Gott alles Fleisches, sollte mir etwas unmöglich sein?« (Jer 32,27)

In Dawsons Leben tat Gott oft das »Unmögliche«, wie beispielsweise bei einer Reise ins Ausland. Dawson war mit seinem engen Missionarsfreund Dick Hillis nach Kalkutta unterwegs. Sie sollten zu einer bestimmten Zeit in der William-Carey-Kirche von Kalkutta predigen, aber weil ein Flug der Pan American ausfiel, saßen die beiden Männer in Bangkok in Thailand fest. Sie gingen in ihrem Hotelzimmer auf die Knie und beteten: »Herr, dies ist eine unmögliche Situation, deshalb bitten wir dich, sie in deine Hände zu nehmen. Jetzt schon wollen wir dir für das danken, was du in den nächsten Stunden tun wirst. Danke!«

Als sie am Flughafen ankamen, erfuhren sie von der Ankunft eines Flugzeuges von Manila über Hongkong, das aber an diesem Tag nicht weiterfliegen konnte. Sie fragten einen Flughafenangestellten, warum es den geplanten Flug nach Indien nicht planmäßig fortsetzen könne. »Nun, Herr Trotman, wir haben internationale Flugvorschriften, die besagen, daß keine Mannschaft mehr als drei Flugschichten fliegen darf – das wäre gefährlich.« Daws und Dick sahen sich an, nickten sich zu und gingen zu einem ruhigen Platz im Flughafengebäude, wo sie wieder mit Gott redeten. »Herr, für dich gibt es keine internationalen Vorschriften oder Bürokratismen. Wir überlassen es dir, alles so zu machen, daß wir rechtzeitig in Kalkutta sein können.«

Dann kam der nicht mehr so überraschende Funkspruch, daß dieselbe Crew ihr Flugzeug sofort nach Kalkutta fliegen solle. Es gab nur vier Passagiere an Bord, und Daws und Dick waren die einzigen, die zu einer bestimmten Zeit ankommen mußten! Als das Flugzeug die Wasserkanäle und die buddhistischen Tempel von Bangkok überflog, priesen diese Männer Gott: »Danke, Herr. Du regierst wirklich über alles.«

Dawsons abschließende Bemerkungen zu dieser Geschichte sind typisch: »Es gibt keine zu schwierigen Probleme für Gott. Er kann alles tun, was er tun will. Er kann auch alles tun, was jemand von ihm erbittet. Wenn es mit seinem Willen übereinstimmt, wird er es tun.«

Er fuhr fort:

»Ich denke, was wir heute dringend brauchen, sind Menschen, die glauben, daß Gott wirklich Gott ist. Er ist viel mehr daran interessiert, daß seine Arbeit getan wird, als wir. Er hat auch alle Macht dazu. Er hat *uns* den Auftrag gegeben, sie zu tun. Können wir ihm deshalb nicht für alles vertrauen, was wir dazu brauchen?

Liebe Mitarbeiter: Die Umstände und Situationen unseres Lebens und unsere Ansichten ändern sich; unsere Träume vergehen; unsere Ideen verlieren sich; aber bei Gott ändert sich nichts. Gott hat einen festen Plan, der sich seit Tausenden von Jahren durch sein Wirken immer zur rechten Zeit erfüllt. Gott sah schon vor Grundlegung der Welt das Kreuz von Golgatha. Von Ewigkeit her hatte Gott seinen Sohn, den Herr Jesus Christus, dazu bestimmt, das Lamm zu sein, das eines Tages die Sünde der Welt hinwegnehmen würde. Er wußte es, aber er teilte es seinen Männern nicht offen mit. Wie dumm müssen sich die Propheten des Alten Testaments vorgekommen sein, als sie einiges von dem aufschrieben, was Gott ihnen eingab. Sie kannten das Herz Gottes eben nicht völlig. Mose muß sich ähnlich gefühlt haben: ›Warum schreibe ich Dinge, die ich noch nicht einmal verstehen kann?‹

Dann erging das Wort an Josua, der Mose' Führungsaufgabe übernehmen sollte, und Gott sagte ihm: ›Wie ich mit Mose gewesen bin, so werde ich auch mit dir sein.‹ Nun, was hatte Josua dir und mir voraus? Leute, wir haben ihm etwas voraus. Josua hatte weder eine Bibel noch eine Konkordanz. Er hatte nie elektrisches Licht oder eine Zentralheizung. Aber eines hatte Josua, das auch wir haben – Gottes Wort und seine Gegenwart.«

Daws' Glaubenserfahrung bewährte sich an dem Schlüsselvers aus Jer 33,3: »Rufe mich an, so will ich dir antworten und will dir kundtun große und unfaßbare Dinge, von denen du nichts weißt.« Das kleine Verskärtchen, auf dem dieser Vers zum Wiederholen aufgeschrieben war, war schon sehr abgenutzt und hatte Eselsohren, weil Dawson den Vers Tag für Tag wiederholte und darüber nachdachte. Nahm Gott wirklich diese drei Dinge ernst, die in diesem Vers angesprochen wurden?

1. Rufe mich an.
2. Ich will dir antworten.
3. Ich will dir kundtun große und unfaßbare Dinge.

Diese Worte stießen Daws mit hartnäckiger Zielstrebigkeit in eine Erfahrung, die er »den Wendepunkt meines Lebens« nannte.

Der Wendepunkt

Dawson fragte seinen guten Freund Walt, ob er diese Worte aus dem Propheten Jeremia glaube, daß man Gott anrufen und er Antworten geben kann, die man nie zuvor erahnt hat. Als Walt zögernd sagte: »Ich denke schon«, antwortete Dawson: »Ja, ich auch, Walt, und ich habe es noch nie erlebt, aber ich würde es gerne mit eigenen Augen sehen.«

Die beiden Männer fingen an, in der Bibel, von Jer 33,3 ausgehend, Verse zum Gebet zu suchen: Wie kann man die Verheißungen Gottes persönlich in Anspruch nehmen und sich ganz darauf verlassen? Was gehört grundlegend dazu, wenn man sicher gehen will, daß Gott antworten wird? Was ist mit dem »unverschämten Drängen« aus Lk 11,8 gemeint? Was lehrt die Bibel über die Tageszeit, wann man beten soll, und über die Körper- und Herzenshaltung, die man beim Beten haben sollte?

Die Antworten auf diese und viele andere Fragen ergriffen die Herzen von Walt und Daws, als sie sich gegenseitig gelobten, jeden Morgen miteinander zu beten, bis sie sicher waren, daß Gott seine Verheißung in ihrem Leben erfüllen würde.

Sie begannen noch in der gleichen Woche damit. Am frühen Morgen vor Sonnenaufgang fuhren sie zu einer Schlucht in der Nähe ihrer Wohnung, zündeten ein Feuer an und knieten sich zum Gebet hin. Mit offenen Bibeln beteten sie namentlich für die Jungen, die Gott ihnen durch ihre Mitarbeit in der Sonntagsschule und im Jugendklub anvertraut hatte. Zwei Stunden lang brachten sie jeden Morgen ihre Anliegen vor Gott. Sie legten nur eine Pause ein, um in der Bibel erneut diese großartigen und köstlichen Verheißungen zu lesen, die sie wieder anspornten, wenn sie das Gefühl hatten, daß ihre Gebete nicht gehört würden. Oft brachen sie nur widerwillig ab, weil sie rechtzeitig um 8 Uhr an ihrem Arbeitsplatz sein mußten. Sonntagmorgens trafen sie sich ebenfalls und beteten drei Stunden lang.

Dawson erinnerte sich: »Im Laufe der Zeit beteten wir

für Harbor City, Torrance, Long Beach, San Pedro, Los Angeles, Pasadena und für die umliegenden Städte. Ich war von christlichen Leitern und Pastoren gebeten worden, in ihre Kirche zu kommen und ihnen zu zeigen, wie man junge Menschen mit dem Glauben erreichen kann. In der dritten und vierten Woche fingen wir an, unsere Gebetsanliegen auf die Westküste auszudehnen – San Francisco, Oakland, Portland und Seattle.«

Daws und Walt kamen zu der Überzeugung, daß Gott, wenn er Gebete für ihre Wohngegend im südlichen Kalifornien anhören konnte, auch Gebete für andere Gebiete erhören konnte.

Tagein, tagaus brachten diese zwei Männer Verheißungen vor den Herrn, die sie aus der Bibel in Anspruch nahmen, insbesondere Versprechen und Zusagen, die der Herr Jesaja und Jeremia gegeben hatte.

Während sich diese Verheißungen fest in ihren Seelen verankerten, schenkte Gott ihnen den Glauben daran, daß er sie befähigen konnte, Menschen aus allen 48 amerikanischen Bundesstaaten für Christus zu erreichen. Sie begannen für Menschen aus Washington, Oregon, Texas, Illinois und dann durch die Oststaaten bis hin nach Florida zu beten.

Dawson erzählte weiter:

»Ich weiß nicht, von wem der Vorschlag kam, eine Weltkarte zu besorgen, aber eine solche Karte war für uns eine gute Gebetsliste für viele Wochen. Wir kauften eine Weltkarte, auf der die verschiedenen Nationen in schönen Farben eingezeichnet waren. Wir ließen sie dort oben in den Bergen, nachts wickelten wir sie in ein altes Segeltuch ein. Jeden Morgen rollten wir sie auseinander und zeigten mit dem Finger auf China, Japan, eine kleine Insel mit dem Namen Formosa und die Philippinen. Im

Verlauf der Zeit begannen wir damit, für Griechenland, Zypern, Ägypten und für verschiedene afrikanische Staaten zu beten. Welch aufregende Tage, als wir in unsere Fürbitte die ganze Welt einschlossen. Wir beteten für jede Nation gesondert und baten Gott: ›Herr, erlaube uns, dir eines Tages an jedem dieser Orte zu dienen, und mache uns fähig, für dich Menschen in jedem Kontinent der Welt zu erreichen.‹«

Am Ende der ersten 42 Tage spürten sie, wie die Gebetslast leichter wurde, und sie begannen, Gott dafür zu danken, daß er sie gehört hatte und daß er seine Verheißungen erfüllen würde. In diesen sechs Wochen hatten sie in den Bergen über 100 Stunden gemeinsam im Gebet verbracht. Sie hatten Gott gebeten, sie zu gebrauchen, um überall in der Welt Menschen zu seiner Ehre zu gewinnen und als Jünger Christi zu schulen. Sie ahnten nicht, was in den kommenden Jahren noch auf sie zukommen würde.

Viele Jahre später, als Dawson einige Papiere in einer Schublade durchsah, entdeckte er ein Verskärtchen, auf dem »Washington« stand und darunter der Name eines Matrosen aus diesem Bundesstaat, der durch Dawsons Zeugnis für Christus gewonnen wurde. Es gab noch andere Namen – Les aus Illinois, John aus Texas, Ed aus Wisconsin. Daws und Lila entdeckten an diesem Abend, daß Menschen aus jedem der 48 amerikanischen Bundesstaaten durch ihren Dienst mit dem Evangelium erreicht wurden. Jer 33,3 hatte sich schon teilweise erfüllt.

In einem Rückblick auf diese 42 Gebetstage sagte Dawson: »In diesen Tagen sagten wir einfach: ›Okay, Herr, schenke uns Kontakte zu Menschen. Bringe sie zu uns.‹ Wir wußten gar nicht richtig, was wir da beteten. Ich erkannte erst später, daß innerhalb von vier Jahren

Menschen aus jedem Bundesstaat Amerikas zu uns ins Haus kamen und den Herrn fanden. Gott hatte unsere Gebete überreich erhört, und so begann die Arbeit der ›Navigatoren‹.«

Das Ende dieser 42 Tage, an denen diese regelmäßigen Gebetstreffen stattfanden, war ein Wendepunkt im Leben dieses Mannes, der Gott fest vertraute. Dieser Wendepunkt vollzog sich nicht dadurch, daß er an einer Konferenz oder an einem Seminar teilgenommen, eine Predigt über Vertrauen oder Gebet angehört oder großartige Ergebnisse durch seine Predigten vor Tausenden von Menschen erlebt hätte. Nein, diese Veränderung kam dadurch zustande, daß Dawson das persönliche Vertrauen auf Gottes Verheißungen eingeübt hatte und schrittweise ein immer größeres Vertrauen bekam, daß Gott immer größere Dinge tun konnte.

Dieser Wendepunkt in Daws' Leben kam, als er einen Bund mit Gott schloß, seinen Verheißungen wirklich glauben und für andere Fürbitte tun zu wollen. Daws war der Meinung, daß ein solches Beten nicht das Vorrecht einiger Auserwählter ist, sondern das Recht und die Pflicht jedes Christen. Er hat später in seinem Leben nur bedauert: »Ich wünschte nur, ich hätte Gott um noch mehr gebeten!«

Denn Esra richtete sein Herz darauf, das Gesetz des Herrn zu erforschen und danach zu tun und Gebote und Rechte in Israel zu lehren.

Esra 7,10

Wenn du es mit Gott ernst meinst, dann muß Jesus Christus im Mittelpunkt deines Lebens stehen.

Dawson Trotman

4. KAPITEL:

Der Mittelpunkt des Lebens

Die Abendluft wurde schon kühler in den Bergen Hollywoods, als Dawson Trotman die Bedeutung der letzten Speiche der Rad-Illustration erklärte. Es war schon spät, aber seine jungen Zuhörer hörten noch sehr gespannt zu. Sie konnten diese Speiche ganz deutlich sehen: ZEUGNIS. Dies war das Ende eines faszinierenden Abends, an dem Daws erklärt hatte, wie man ein fruchtbares christliches Leben führen kann – ein Leben, von dem er sagte, daß »Christus im Mittelpunkt« stehen und daß es »geisterfüllt« sein müsse.

Dieses anschauliche Rad hatte eine Achse und vier Speichen und war das Ergebnis von Dawsons Bemühungen, seinen Zuhörern die Prinzipien eines Lebens als Christ anschaulich darzustellen. Mehr als jedes andere Symbol wurde das Rad als die herausragende Illustration der Navigatoren für die Jüngerschaft bekannt.

Ein ausgewogenes Leben führen

Was bedeutet das Rad, und wie kam es, daß es das christozentrische, geisterfüllte Leben veranschaulichte? Um die Antwort auf diese Frage zu finden, muß man über ein Buch sprechen, das zu Dawsons frühen Lieblingsbüchern zählte: »The Seven Laws of Teaching« (Die sieben Lehrprinzipien) von John M. Gregory.

Gregorys wichtigste Regel lautet: »Beginnen Sie mit dem, was dem Schüler zu dem Thema schon bekannt ist und womit er selbst schon Erfahrungen gemacht hat. Gehen Sie dann in einzelnen, einfachen und natürlichen Schritten zu neuem Stoff über, wobei Sie dafür sorgen sollten, daß der bekannte Stoff den unbekannten erklärt.« Dawson überarbeitete die Beispiele und Veranschaulichungen, die er in Vorträgen benutzte, immer wieder, damit er die Wahrheit der Bibel für den Alltag klar und praktisch darstellen konnte.

Zu der Zeit, als Daws noch die Jungen in der Sonntagsschule der Kirche von Lomita unterrichtete, behalf er sich mit einem dreibeinigen Stuhl als Vorläufer der Rad-Illustration. Er hatte von einem Beispiel gehört, wo das Christsein mit einem Stuhl verglichen wurde, der drei Beine hatte – die Bibel, das Gebet und das christliche Zeugnis. Fehlte eines der Beine, so konnte der Stuhl nicht allein stehenbleiben.

Dawson beschrieb den Übergang vom Stuhl zum Rad so:

»Als ich über den Stuhl genauer nachdachte, gefiel mir das Beispiel überhaupt nicht mehr, weil das Christsein doch nicht im Sitzen stattfindet! Ein Stuhl ist großartig, wenn man eine Kuh melken, einen Schuh reparieren oder Kartoffeln schälen muß. Aber Christen sitzen nicht still – schon gar nicht kleine Jungen.

Ich begann, an ein Rad mit drei Speichen zu denken, denn ein Rad ist etwas, das jeder Junge oder erwachsene Mann genau kennt. Autos, Fahrräder, Züge haben alle Räder.

Die Achse mußte Christus sein. Die Felge mußte der ausgeglichene Christ sein, der sein Leben in der Kraft des Heiligen Geistes lebt. Aber was stellten die Speichen dar? Ich fand heraus, daß meine Jungen ihre Bibelverse auswendiglernen konnten, sie konnten beten, und sie konnten ihren Freunden Zeugnis von Christus geben, aber etwas stimmte noch nicht. Etwas fehlte noch. Wir brauchten eine vierte Speiche, die wir ›Als Christ leben‹ nannten; später nannten wir sie einfach ›Gehorsam‹.

Jetzt stimmte das Bild des Rades. Es war stabil mit zwei vertikalen und zwei horizontalen Speichen. Die Speichen bildeten die vier Grundlagen eines christlichen Lebens, in dem der Herr Jesus Christus im Mittelpunkt steht. Wenn eine der vier Speichen fehlt oder nicht im richtigen Verhältnis zu den anderen steht, dann gerät das ganze Rad aus dem Gleichgewicht, und wir sehen einen aus dem Gleichgewicht geratenen Christen, der sich mühsam durchs Leben schlägt. In Esr 7,10 erkennen wir dasselbe Bild: Gebet (›Esra richtete sein Herz darauf‹); das Wort (›das Gesetz des Herrn zu erforschen‹); Gehorsam (›und danach zu tun‹); Zeugnis geben (›und Gebote und Rechte in Israel zu lehren‹).«

Daws hatte den Eindruck gewonnen, daß Esra ein ausgeglichener Mann Gottes gewesen sein mußte. In seiner Generation fanden durch ihn Veränderungen statt, weil diese vier elementaren Grundlagen sein Leben kennzeichneten.

Als dieses anschauliche Beispiel immer mehr zum Erkennungsmerkmal von Dawson und den Navigatoren wurde, bat man ihn überall in der Welt, darüber zu predigen. Als Hilfsmittel machte ihm ein Christ aus Kalifornien ein Rad, das Daws überall mit sich tragen konnte. Es konnte ganz klein zusammengeklappt werden, so daß es in seine Aktentasche paßte, und er konnte das Rad und seine Bibel in der Hand halten. Er nahm es sogar nach China mit, versehen mit chinesischen Zeichen auf den Speichen!

Dieses Rad hielt Dawson an jenem Abend in Hollywood in der Hand, als ich ihn zum ersten Mal predigen hörte. Zuerst sieht man von dem Rad nichts außer dem äußeren Reifen mit der Aufschrift: »DER GEIST-ERFÜLLTE CHRIST IM ALLTAG«. Diese fünf Wörter umkreisen die Felge. Daws hielt diesen seltsamen Apparat in seiner linken Hand hoch, so daß wir ihn alle sehen konnten, und dann fragte er: »Welche Bestandteile des Rades sorgen dafür, daß das Rad fahren kann, ohne umzukippen? Was brauchen wir innerhalb dieses Kreises, der ›Christ‹ genannt wird, damit dieser Mann oder diese Frau für Gott etwas erreichen kann? Los, Leute, nennt mir einige Dinge, die absolut wichtig sind, grundlegende Dinge, wenn dieser Mensch in Christus wachsen und reifen soll.«

Überall aus der Zuhörerschaft kamen Vorschläge: »Die Bibel . . . die Gemeinde . . . Sündenbekenntnis . . . der Heilige Geist . . . Gebet . . . Menschen für Christus gewinnen . . . Gemeinschaft . . . der Missionsbefehl . . . den Zehnten geben . . . Bibelverse auswendiglernen . . .« und noch mindestens ein Dutzend andere Ideen. Daws trug sie alle auf einer großen Tafel, die hinter ihm auf der Bühne stand, zusammen. Die Liste umfaßte ungefähr 25 Punkte.

»Gut«, fuhr Daws fort, »schaut euch jetzt diese Vorschläge genau an. Könnt ihr die wichtigsten vier oder fünf ausfindig machen? Welche von diesen sind dringend notwendig?«

Daws ließ uns einige Minuten nachdenken, während er das Rad nahm und es über seinen linken Arm hielt. Dann sagte er: »Ich werde euch auf die Sprünge helfen. Schaut mal her. Vergeßt das, was auf der Tafel steht. Nehmt einmal an, dieses Rad ist euer Leben. Ihr wißt, daß Christus euer Erretter ist. Mit all euren Kräften wollt ihr etwas für Gott tun. Ihr wollt – mehr als alles andere in eurem Leben – seinem Namen Ehre bringen. Was braucht ihr dazu?«

Er zog an einem kleinen Drahthebel an der Seite des Rades, worauf eine weiße Achse in der Mitte heraussprang, auf der ein einziges Wort stand – CHRISTUS. »Hier ist es, junge Leute«, sagte Dawson. »Wenn ihr es mit Gott ernst meint, dann muß Jesus Christus im Mittelpunkt eures Lebens stehen. Deshalb sagte Paulus der kleinen Gemeinde in Philippi: ›Denn Christus ist mein Leben.‹ Obwohl Paulus sich zu dieser Zeit im Gefängnis befand, war Christus die zentrale Schubkraft seines Lebens.

Von diesem Mittelpunkt her bekommt ihr die Kraft, zu fahren, zu lenken und nicht umzukippen. Die Radnabe ist mit der Achse verbunden, diese wiederum mit der Antriebswelle und dadurch mit dem Motor. Weil Christus im Mittelpunkt des Lebens eines Christen steht, werden wir ›Christen‹ genannt. In unserem Ort haben wir vielleicht das Etikett ›Lutheraner‹ oder ›Presbyterianer‹, aber wir sind alle in Christus und deshalb alle Christen. Von ihm kommt unser Leben, unsere Kraft, siegreich leben zu können – er ist alles, was wir brauchen.

Versucht, den Namen irgendeines anderen Menschen in diesen kleinen weißen Kreis einzusetzen, und es wird nicht funktionieren. Setzt den Namen eures Vaters, eures Pastors, des größten biblischen Lehrers oder Kirchenheiligen, den ihr kennt oder von dem ihr gehört habt, ein. Wenn diese Person der Mittelpunkt eures Lebens ist, dann habt ihr Probleme.«

Dawson legte das Rad wieder auf die Kanzel und ging zur Tafel. Nachdem er die Liste der Vorschläge weggewischt hatte, fragte er nach Bibelstellen, die besagen, daß Jesus Christus der Mittelpunkt des christlichen Lebens ist. Beginnend mit Kol 1,18, »damit er in allem der Erste sei«, wurde die Liste immer länger: Phil 3,10, Joh 14,6, Eph 3,14–15 und Offb 1,8.

Mit einer schnellen Bewegung seines Fingers löste Dawson eine Sperre, und die ersten zwei der vier Speichen sprangen an ihren Platz und verbanden die Radnabe mit der Felge. In seinem charakteristischen, fesselnden Stil zeigte er uns, daß die zwei Speichen des Rades, die den Christen in eine lebendige Beziehung mit Christus bringen, das Wort und das Gebet sind:

»Im Wort Gottes spricht er zu uns, und im Gebet sprechen wir mit ihm. Diese beiden vertikalen Speichen sind die beiden ›Hilfsmittel‹, die uns aus Gnade gegeben wurden, damit wir Gemeinschaft mit Gott haben können. Die Bibel und das Gebet bilden die Grundlage für ein Leben, in dem Christus im Mittelpunkt steht.

Welche von den beiden ist am wichtigsten? Sie sind beide gleich wichtig. Was braucht man mehr: die Nahrung oder die Luft? Beide sind entscheidend wichtig, damit man am Leben bleibt. Es gibt kein Entweder-Oder; beide haben den gleichen Rang. Ein neugeborenes Baby muß atmen, es braucht aber auch die Milch der Mutter. Was ist wichtiger für ein neugeborenes Baby in Christus – das Wort oder das Gebet? Es braucht beides, aber wir setzen die Speiche ›DAS WORT‹ nach unten, denn es ist so wesentlich für die restlichen Teile des Rades.

Aus meiner eigenen Erfahrung kann ich sagen, daß ich aus der Bibel sehr viel über das Gebet erfahren und gelernt habe. Einer der ersten Verse, den ich über das Wachstum eines jungen Christen auswendiglernte, war Joh 16,24: ›Bisher habt ihr um nichts gebetet in meinem Namen. Bittet, so werdet ihr nehmen, daß eure Freude vollkommen sei.‹ Das hätte ich nie ohne das Wort Gottes gewußt. Weil er es gesagt hat, glaubte ich es und handelte dementsprechend. Es ist eine Verheißung Gottes. Woher bekam ich sie? Aus der Bibel – deshalb habe ich DAS WORT hier nach unten als die tragende Speiche gesetzt.

Bitte beachtet aber, junge Leute, daß sowohl DAS WORT als auch DAS GEBET mit CHRISTUS in der Mitte verbunden sind. Ohne ihn kennt ihr die Kraft Gottes in der Bibel oder die Kraft Gottes durch das Gebet nicht wirklich. ›Und seid begierig nach der vernünftigen lauteren Milch wie die neugeborenen Kindlein, damit ihr durch sie zunehmt zu eurem Heil‹ (1 Petr 2,2). Aber wir dürfen nie vergessen, daß auch Mt 7,7 den jungen Christen gegeben wurde: ›Bittet, so wird euch gegeben; suchet, so werdet ihr finden; klopfet an, so wird euch aufgetan.‹

Wenn es stimmt, daß jeder Mensch, der in diese Welt hineingeboren wird, Nahrung und Luft zum Atmen braucht, könnt ihr dann noch an etwas anderes denken, was unbedingt wichtig wäre?«

Dawson suchte nach Ideen, die in die freien Plätze des Rades hineinpassen könnten. Er erinnerte seine Zuhörer an die nächsten beiden Speichen, die horizontal verlaufen würden. Da die ersten beiden Speichen die Grundlage für die Beziehung des Christen mit Gott darstellten, sollten diese letzten beiden seine Beziehung zu seinen Mitmenschen symbolisieren. Ein christliches Leben zu führen, erforderte »gute Gesundheit« und »ständige Übung«. Daws zog an einem weiteren versteckten Hebel, und eine weitere Speiche war zu sehen – GEHORSAM. Er bat dann alle, die eine Bibel dabei hatten, Ps 119,59–60 aufzuschlagen: »Ich bedenke meine Wege und lenke meine Füße zu deinen Mahnungen. Ich eile und säume nicht, zu halten deine Gebote.« Dawson sagte zu diesem Vers: »Beachtet einmal, was David hier alles *selbst* tut. *Ich* bedenke, *ich* lenke meine Füße, *ich* eile, *ich* säume nicht. Hunderte Male wird uns überall in der Bibel nicht nur geraten, sondern *geboten*, den Worten Gottes zu gehorchen. Dies ist das Geheimnis eines geisterfüllten Lebens, in dem Christus im Mittelpunkt steht. Haltet euch fern von Dingen, die euch an Leib und Seele krank machen und von denen ihr wißt, daß sie euch die Vollmacht für den Dienst für Gott nehmen. Gebt nicht der Versuchung des Teufels Raum. Diese Speiche des Rades mit dem Namen GEHORSAM bedeutet das sieghafte Leben in Christus.«

Die vierte Speiche war natürlich das ZEUGNIS, die geistliche Übung eines gesunden Christen. Daws sagte dazu: »Viele Menschen denken, daß diese letzte Speiche ›die christliche Gemeinde‹ genannt werden sollte. Aber ich möchte daran erinnern, daß es den Menschen nicht immer möglich ist, zur christlichen Gemeinde zu gehen. Jeder Gläubige sollte zu einer Ortsgemeinde gehören, aber aus verschiedenen Gründen tun das einige nicht.

Die Gemeinde ist nicht nur eine einzelne Speiche – sie ist das ganze Rad, oder genauer: Viele Einzelräder, die zusammenarbeiten, bilden die Gemeinde. Von nahem betrachtet ist das einzelne Rad ein Mann oder eine Frau, die geisterfüllte Christen sind, in deren Leben Christus im Mittelpunkt steht. Um ein ausgeglichener Christ zu sein, sollte dieser Christ, der für Gott in Bewegung ist, Mitglied einer Ortsgemeinde sein. Aber für den Christen ist die ›geistliche Übung‹ nicht auf die Aktivität einer Organisation oder christlichen Gemeinschaft begrenzt, sondern sie ist eigentlich ein Lebensstil, der ihn kennzeichnet, ob er sich nun in einem bestimmten Gebäude befindet oder nicht. Dies ist einer der Gründe, warum wir diese Speiche ZEUGNIS nennen. Das Zeugnis ist die Pflicht nicht nur des Predigers, des Evangelisten oder vollzeitlichen christlichen Mitarbeiters. Jedem von uns wurde der Missionsbefehl gegeben. Wir können hier nicht frei wählen, sondern wir müssen ihm gehorchen.«

Als ich an diesem Abend im Jahre 1952 nach Hause fuhr, dachte ich über all das nach, was Dawson gesagt hatte. Ich sah noch einmal die Rad-Illustration vor mir und was sie für mein eigenes Leben bedeuten könnte: die vier Bestandteile – Wort, Gebet, Gehorsam und Zeugnis. Ich dachte lange und intensiv über die zentrale Aussage nach, daß Jesus Christus der Mittelpunkt meines Lebens sein sollte. Ich wußte an diesem Abend, daß die positiven Ergebnisse, die ich erzielen wollte, dort auf der Felge des Rades standen – ein geisterfülltes Leben, das sich um Jesus Christus dreht. War ich bereit, Prioritäten zu setzen, Ziele zu formulieren und mein Leben so zu disziplinieren, daß dieses Rad in meinem Leben Wirklichkeit werden konnte?

Viele Jahre vor diesem Abend hatten mir meine Eltern zu meinem Schulabschluß von der High-School eine Bibel geschenkt. Auf die ersten Seiten hatten sie einige Gedanken aus der Feder des episkopalen Bischofs Phillips Brooks aus Philadelphia geschrieben:

»Bete nicht um ein einfaches Leben... bete darum, ein stärkerer Mensch zu werden. Bete nicht um Aufgaben, die deinen Kräften gerecht werden – bete um Kräfte, die deinen Aufgaben gerecht werden! Dann wird das Erledigen deiner Arbeit kein Wunder sein, sondern *du* wirst das Wunder sein. Jeden Tag wirst du dich über dich selbst und über den Reichtum deines Lebens wundern, das dir durch die Gnade Gottes geschenkt wurde.«

Gottes Wort ist deine Waffe. Wenn du an seiner Kraft zweifelst, welche Kraft hast du dann, mit diesem »Schwert« umzugehen? Es ist deine einzige Informationsquelle. Wenn das Wort Gottes deine Speise und dein Trank wird, wenn du es täglich studierst und es zu einem Teil deiner selbst wird, dann und erst dann wirst du in der Lage sein, es so zu gebrauchen, wie Gott es gewollt hat. Glaubst du, daß der Text, den du verkündigst, das lebendige, von Gott eingegebene Wort ist? Und hast du das Vertrauen, daß es nie leer zurückkommen wird? Gott kann keinen Menschen gebrauchen, der an seinem Wort zweifelt.

Oswald Smith

5. KAPITEL

Ein meisterhafter Kämpfer mit dem »Schwert«

Um Dawson Trotman richtig zu verstehen, muß man wissen, daß er von dem Wunsch verzehrt wurde, ein Mann der Bibel zu sein, und daß er anderen helfen wollte, Männer und Frauen der Bibel zu werden. Daws hatte eigentlich nur das eine im Sinn, und das teilte er sehr oft und laut mit: »Laßt das Wort Christi reichlich unter euch wohnen« (Kol 3,16). Dawson wollte, daß die Bibel in seinem Leben so zu Hause war, daß er ihr überall gehorchen und wie ein meisterhafter Fechter mit diesem »Schwert des Geistes« umgehen konnte.

Daws glaubte dem Wort Gottes. Teilweise glaubte er so buchstäblich daran, daß ihn manche Leute anmaßend nannten. Nicht wenige äußerten privat oder öffentlich, daß Trotman naiv und theologisch ungebildet sei. Aber für Daws war das Wort Gottes ein »zweischneidiges Schwert«, das dazu bestimmt war, als eine persönliche Waffe unter der Leitung des Heiligen Geistes gebraucht zu werden. Er ging sorgfältig und geschickt damit um.

Vom Billardspiel zum Auswendiglernen von Bibelversen

Dawson hatte eine besonders große Kenntnis der Bibel, und zum größten Teil erarbeitete er sie sich selbst. Er wuchs nicht in einem christlichen Elternhaus auf. Obwohl seine Mutter eine Christin war, gab es dort keine geistliche Nahrung; er besuchte auch keine evangelikale Gemeinde oder Sonntagsschule. Er hatte jedoch zwei gläubige Lehrerinnen, Fräulein Mills und Fräulein Thomas, die sechs Jahre lang ernsthaft für seine Bekehrung beteten.

Dawson bekehrte sich – durch das Auswendiglernen von Bibelversen –, als er zwanzig Jahre alt war. Er war wiederholt mit dem Gesetz in Konflikt geraten. Schließlich hatte er es satt und gab Gott folgendes Versprechen: »Herr, wenn du mich dieses Mal aus den Händen der Polizei befreist, dann werde ich am kommenden Sonntag in die Kirche gehen.«

Daws erzählte es so: »An dem Freitagabend, als ich verhaftet wurde, saß Fräulein Mills zu Hause und suchte nach Bibelversen zum Thema Erlösung, die sie und Fräulein Thomas den jungen Leuten in ihrer Gruppe zum Auswendiglernen geben wollten. Sie wußte nicht, daß der Junge, für den sie seit sechs Jahren gebetet hatte, genau diese Bibelverse lernen würde. Als es Sonntag wurde, entschloß ich mich, in die Jugendstunde dieser Kirche zu gehen. Das war ein schwerer Entschluß, denn meine geliebte Spielhalle lag genau um die Ecke. Wenn jetzt meine Freunde sahen, daß ich zur Kirche ging...

An diesem Abend veranstalteten sie in der Jugendstunde einen Wettbewerb. Es wurden Punkte vergeben, unter anderem für das Auswendiglernen von Bibelversen. ›Lerne zehn Verse und gewinne fünfzig Punkte für unsere Gruppe‹, sagte eine hübsche kleine Blondine. Ich ging nach Hause, kramte mein kleines Testament hervor, und innerhalb einer Woche hatte ich alle zehn Verse gelernt. Aber nicht weil es mir um die Bibel ging, sondern wegen des hübschen kleinen Mädchens von der High-School! Dann gaben sie mir zehn neue Verse, wie man als Christ wachsen kann.

In dieser Woche müssen sie alle sehr für mich gebetet

haben! Am folgenden Sonntag kam ich wieder und holte weitere Punkte für das Team der ›Roten‹ und für die kleine Blonde.«

Dawson erzählte weiter und kam zum Höhepunkt dieser Geschichte: »Diesem Wettbewerb folgte ein unvergeßliches Erlebnis. Eines Tages war ich auf dem Weg zu meiner Arbeit in einer Holzfabrik. Die 20 Bibelverse waren in meinem Gedächtnis gespeichert. Ich hatte nicht vor, irgend etwas mit ihnen anzufangen. Ich wollte nur mein Versprechen einhalten und für die ›Roten‹ am kommenden Sonntag den Preis gewinnen.

Mit dem Eßgeschirr in der Hand ging ich also die Straße hinunter und machte mir so meine Gedanken. Fräulein Mills betete immer noch für mich, und das Wort Gottes wirkte durch die Kraft des Heiligen Geistes an mir. Plötzlich brachte mir an jenem Morgen auf dem Weg zur Arbeitsstelle der Heilige Geist einen der Verse in Erinnerung: ›Wahrlich, wahrlich, ich sage euch: Wer mein Wort hört und glaubt dem, der mich gesandt hat, der hat das ewige Leben . . .‹ (Joh 5,24). Die Worte: ›der hat das ewige Leben‹ blieben haften. Ich sagte: ›O Gott, das ist wunderbar – man kann also ewiges Leben haben!‹ Ich zog mein kleines Neues Testament aus der Tasche, schlug das Johannesevangelium auf, und da stand es: ›. . . der hat das ewige Leben und kommt nicht in das Gericht, sondern er ist vom Tode zum Leben hindurchgedrungen.‹

Soweit ich mich erinnere, betete ich in diesem Augenblick zum erstenmal als Erwachsener: ›O Gott, was das auch bedeuten mag, ich möchte es haben.‹ Das war meine neue Geburt. Das war der Anfang. Ich glaubte an Gott, und ich betete, und der Herr tat das übrige.«

Nachdem Dawson Christ geworden war, bekam er

einen unstillbaren Hunger auf das Wort Gottes. »Sofort nach meiner Bekehrung fing ich an, noch mehr Bibelverse zu lernen. In den ersten drei Jahren lernte ich jeden Tag einen Vers auswendig. Während ich für die Holzfabrik im Hafengebiet von Los Angeles Lastwagen fuhr, lernte ich meine ersten tausend Bibelverse. Einen Vers jeden Tag im Lastwagen, und ihr werdet es kaum glauben: Ich habe nie jemanden überfahren!

Ich hatte mich dazu entschlossen, die Bibel wirklich kennenlernen zu wollen, und das tat ich dann auch. Ich sagte mir nicht: ›Ich kann es ja mal versuchen‹, oder: ›Ich hoffe sehr, daß ich zehn Verse auswendiglernen kann‹, oder: ›Ich kann mir nicht so gut etwas merken, aber ich sehe mal, was ich tun kann.‹ Die Sache ist einfach so: Wenn ihr euch sagt, daß ihr etwas tun *wollt*, dann werdet ihr es auch tun. Ich werde meine Bibelverse wiederholen, und wenn ich mit einem Bein von einem Kronleuchter herunterhängen muß, um mich wachzuhalten.«

Es ist wenig verwunderlich, daß Dawson Trotman und die Navigatoren dreißig Jahre später überall in der Welt wegen ihres »Schrifteinprägekurses« bekannt wurden. Einer der Samen, die in Daws' Herz gepflanzt wurden, war das Auswendiglernen von Gottes Wort, und diese Übung trug zu seinem Wachstum als junger Christ bei. Kurze Zeit nach seiner Bekehrung engagierte er sich in seiner Ortsgemeinde; er übernahm eine Sonntagsschulklasse für Jungen, half im EC mit und legte öffentlich Zeugnis von seinem Glauben ab.

Er baute in sein Leben alle möglichen Methoden ein, wie man die Bibel in sich aufnehmen kann. Bibelarbeitsgruppen mit anderen jungen Männern, Notizen bei den Predigten seines Pastors, christliche Radiosendungen, bei denen biblische Unterweisung angeboten wurde, ein

Jahr in der Bibelschule von Los Angeles – all dies weckte seinen Hunger nach mehr. Dawson konnte einfach nicht genug von der Bibel bekommen. Seine Fähigkeit in dieser Hinsicht wuchs, je mehr er in sich aufnahm, und während er im Glauben wuchs, wünschte er sich verzweifelt, diese »Juwelen« der Schrift mit anderen Menschen im südlichen Kalifornien teilen zu können.

Eine Liebe für die ganze Heilige Schrift

Es bereitete Dawson besondere Freude, »verborgene Schätze« zu entdecken. Zum Beispiel grub er in der »Goldmine« von 2 Tim 3,16–4,2 und kam dann mit den folgenden »Goldklumpen Gottes« ans Tageslicht:

- Denn alle Schrift ist von Gott eingegeben und nützt zur Lehre ... (3,16)

- Daß der Mensch Gottes vollkommen sei, zu allem guten Werk geschickt (3,17)

- Predige das Wort ... es sei zur Zeit oder zur Unzeit ... (4,2).

Dawson nahm sich 2 Tim 3,16 wirklich zu Herzen. Er analysierte diesen Vers, dachte darüber nach, lernte ihn auswendig und sah sich auch den Textzusammenhang ganz genau an. Dann ging er daran, diesen Vers in seinem Leben zu praktizieren. »*Alle* Schrift ist nütze.« Nicht nur das Alte Testament, die Briefe des Paulus oder nur das Leben Jesu, wie es in den vier Evangelien beschrieben wird, oder einige Lieblingsbibelstellen wie

Ps 23 oder die Bergpredigt. »Alle Schrift« bedeutete für Dawson wirklich *alle*. Er machte es sich zur Pflicht, die ganze Bibel zu lesen, zu studieren, zu hören, soviel darüber nachzudenken und auswendigzulernen, wie ihm in seinem Leben möglich war.

Diese besondere Ausrichtung bewirkte, daß Daws sich seine eigene Laientheologie zusammenbastelte. Betty Skinner unterstreicht dies in ihrer Biographie über Dawson Trotman, »Daws«:

> »Er fühlte sich weniger hingezogen zu einer objektiven Analyse der biblischen Lehre; er wollte vielmehr die wörtliche Bedeutung als persönliche Botschaft Gottes an ihn annehmen... Er glaubte, daß Gott *ihm* durch einen bestimmten Bibeltext etwas verhieß oder *ihm* etwas gebot oder zu *ihm* persönlich redete. Obwohl die Anmerkungen in seiner Scofield-Bibel die Texte jeweils einer bestimmten Geschichtsepoche zuordneten, fühlte sich Dawson frei, eine Verheißung oder ein Gebet, die für andere Menschen in Gottes Zeitplan bestimmt waren, ganz persönlich zu nehmen.«

Dawson liebte besonders das Alte Testament und die poetische Schönheit seiner Bücher. Er nahm besonders gerne Verheißungen aus dem Buch Jesaja für sich in Anspruch. Wann dieses große Buch geschrieben wurde oder was die Kritiker über den Schreiber dieses Buches dachten, berührte Daws überhaupt nicht. Es schien ihm auch nicht verkehrt zu sein, etwas persönlich für sich zu nehmen, was anscheinend für die Israeliten gedacht war, aber nie von ihnen in Anspruch genommen wurde. Wenn sie diese Verheißungen nicht für sich in Anspruch nehmen konnten, dann würde Dawson es eben tun!

Eine alttestamentliche Verheißung wurde für Dawson und Lila in den Nachkriegstagen in ihrer Ehe besonders wertvoll. Die Arbeit der Navigatoren konzentrierte sich damals auf die amerikanische Marine. Ein Seemann aus Honolulu ließ sich von Dawsons Persönlichkeit und seinem Führungsstil negativ beeinflussen. Er setzte eine böse Verleumdungskampagne in Gang und schickte an viele Menschen, die auf der Versandliste der Navigatoren standen, und an einige prominente Pastoren der Westküste einen langen, bösen Brief. Es waren Tage, die gefühlsmäßig sehr an die Substanz gingen.

Daws und Lila faßten gemeinsam den Entschluß, für Christus weiter nach vorne zu gehen und still zu sein. Eines Morgens in dieser schwierigen Zeit las Daws »zufällig« Jes 54,17. Er nahm diesen Vers als Sieg für sich selbst, seine Familie, die Arbeit in Amerika und in Honolulu in Anspruch: »Keiner Waffe, die gegen dich bereitet wird, soll es gelingen, und jede Zunge, die sich gegen dich erhebt, sollst du im Gericht schuldig sprechen. Das ist das Erbteil der Knechte des Herrn, und ihre Gerechtigkeit kommt von mir, spricht der Herr.«

Alle Schrift ist nütze

In vieler Hinsicht war Dawsons Haltung der Bibel gegenüber revolutionär; sie war eine Haltung, die in den Kirchen, theologischen Seminaren und christlichen Kreisen seiner Zeit kaum gelehrt wurde. Daws ließ sich nicht von den Forschungsproblemen des Alten Testaments aufhalten. Er nahm einfach die 39 alttestamentlichen

Bücher als »von Gott eingegeben« an und arbeitete damit. Er verließ sich auf die biblischen Verheißungen, ob sie nun an die Juden oder an die Kirche gerichtet waren. Er nahm einfach den ganzen Kanon der Heiligen Schrift und bat den Herrn, ihm zu zeigen, wie er ihn persönlich in seinem Alltag anwenden könnte. Einige Bibelstellen aus den ersten 17 Büchern der Bibel öffneten ihm die Augen für neue Felder des Dienstes und bildeten die Grundlage für Verheißungen, die er in Anspruch nahm, wenn er Missionare in die verschiedenen Länder der Welt aussandte.

Ein früherer Mitarbeiter der Navigatoren und erfahrener Missionar in Asien hatte folgende liebevolle Erinnerung an Dawson: »Schlüsselbibelstellen, die von einigen Kirchenmännern als dunkel und undurchsichtig empfunden wurden und vielleicht für die Kirche des 20. Jahrhunderts nicht aktuell waren, wurden für Dawson grundlegend wichtig. Er und das Navigatorenteam lebten von solchen Bibelstellen. Diese Weise, die Bibel praktisch anzuwenden, war zu seiner Zeit eine wirklich radikale Art, sich das Wort Gottes anzueignen.«

Eine Begebenheit, die sich im September 1955 zutrug, zeigt, wie Dawson die Bibel in einer sehr praktischen Art und Weise benutzte. Ich hatte das Vorrecht, mit Daws in Tokio auf einer Mitarbeiterkonferenz der Navigatoren zusammenzusein. In dieser Zeit tauchten einige elementare Lehrprobleme in bezug auf die Person und die Arbeit des Heiligen Geistes auf. Diese Probleme konnten entweder eine Spaltung in der ganzen Arbeit hervorrufen oder die Mitarbeiter noch enger zusammenbinden. Die Tage waren sehr lang, und wir bekamen nur sehr wenig Schlaf. Ich teilte ein Zimmer mit Dawson und Dick Hillis, dem Direktor der Asienmission, der dort als

Beobachter an der Konferenz teilnahm und Daws' Seelsorger war. Mein unruhiger Schlaf wurde eines Nachts um etwa 1 Uhr jäh unterbrochen, als Daws und Dick eine Kissenschlacht miteinander anfingen – und ich lag genau in der Mitte! Diese »Schlacht« war wie ein gutes Ventil – beide konnten ihren Gefühlen Luft machen und durch Spaß, Sport und viel Lachen einen klaren Kopf bekommen. (Nur die Familie, bei der wir zu Gast waren, wußte, wie ihre Kissen hinterher aussahen!)

Nachdem sich die Heiterkeit etwas gelegt hatte, stellten wir das Radio an, um zu hören, wie das Endspiel der Fußballsaison ausgegangen war. Bald war Hillis fest eingeschlafen. Ich dachte, daß auch Dawson schon schlief, und schaltete das Radio aus. Ich lag auf dem Rücken und dachte über das nach, was ich an diesem Tag gesehen und gehört hatte, als plötzlich Dawsons rauhe Stimme die Stille durchbrach: »Hey, Bob, bist du noch wach?«

»Ja, aber sicher, Daws. Ich liege hier und frage mich, was wohl morgen geschehen wird. Ich glaube, ich bin viel zu überdreht, um schlafen zu können.«

»Ja, ich auch. Hör mal, Bob, könntest du mir einen Gefallen tun und mit mir einen kleinen Bund schließen? Du brauchst nicht mit deinem Blut zu unterschreiben oder so was.«

»Sicher, Daws, an was dachtest du?«

»Wenn du siehst, daß ich etwas Schlechtes tue oder sage, würdest du mich dann bitte bremsen und zur Rede stellen? Wenn du damit einverstanden bist, kannst du morgen früh in deiner Bibel neben Spr 9,8–9 schreiben: ›D. T., Tokio, 29. 9. 1955.‹ ›Rüge nicht den Spötter, daß er dich nicht hasse; rüge den Weisen, der wird dich lieben. Gib dem Weisen, so wird er noch weiser werden;

lehre den Gerechten, so wird er in der Lehre zunehmen.‹ Wenn du das tun kannst, wäre ich dir sehr zu Dank verbunden. Gute Nacht, Freund.«

Daraufhin drehte sich Daws auf die andere Seite und schlief sofort ein. Vorher hatte ich gedacht, ich sei wegen der Kissenschlacht zu aufgewühlt, um schlafen zu können, aber jetzt war ich noch aufgewühlter und konnte nicht schlafen, bis ich die Sonne langsam am Horizont über Tokio aufgehen sah.

Dieses Versprechen brauchte ich nie einhalten, denn neun Monate später nahm Gott Dawson zu sich nach Hause. Ich habe oft über diese nächtliche Begegnung mit Daws in Tokio nachgedacht – über seine einzigartige Art, wie er einen alten Vers aus den Sprüchen in unserer heutigen Welt lebendig werden ließ. Aber das war bei ihm keine Ausnahme, sondern seine tägliche Praxis. »Alle Schrift ist nütze«, und er war fest entschlossen, alle Verheißungen Gottes für sich in Anspruch zu nehmen.

Martin Luther hat nachgewiesen, daß die richtige Art, die Bibel zu lesen, darin besteht, die Personalpronomen richtig zu gebrauchen: »Jede Verheißung Gottes wurde für *mich* aufgeschrieben.« Von dem Tag an, wo Daws sein Leben an Gott hingegeben hatte, vollzog er auch eine entsprechende Hingabe an Gottes Wort. Die Heilige Schrift hatte in jedem Bereich seines Lebens den ersten Platz, und sie regierte jede Aktion in seinem Dienst und seiner Evangelisationsarbeit. Dawson glaubte, die Verantwortung zu haben, dem Wort Gottes – ungeachtet der Folgen – zu gehorchen. Er war bereit, sein Leben für die Bibel hinzugeben. Er nahm die Ermahnung von Charles Wesley sehr ernst: »Sei ein Mann *eines* Buches, und laß dieses eine Buch die Bibel sein!«

Dawson hatte wenig Zeit für solche, die über die moralischen Lehren und das Leben Jesu predigten, aber unsicher und zu weich waren, wenn es darum ging, ob die Bibel Gottes Wort ist. Er fand es völlig inkonsequent, wenn man sagte: »Ich liebe Jesus, aber ich habe so meine Zweifel über die Bibel.«

Daws' Haltung zur Bibel war nicht dehnbar. Die Bibel war für ihn das völlige und unfehlbare Wort Gottes. Er glaubte ohne Ausnahme an die wörtliche Inspiration der Schrift. Zu seiner Zeit war die Unfehlbarkeit der Bibel noch kein Thema, aber er hätte sicherlich die Meinung vertreten, daß die Heilige Schrift ohne jeden Fehler ist. Zu dieser Schlußfolgerung kam er allerdings nicht über eine dogmatische Einstellung, sondern durch den positiven Einfluß des auswendiggelernten Wortes Gottes in seinem Leben. Einer seiner Freunde sagte mit einem leichten Lächeln: »Dawson wußte, was er glaubte, und er konnte das auch mit Zitaten aus der Bibel belegen. Er kümmerte sich nicht sehr um eine systematische Theologie, kirchliche Methoden oder Techniken der Evangelisation ... aber bei grundlegenden Dingen ließ er sich nicht von seinem Bibelverständnis abbringen. Die Heilsgewißheit, das Wachstum von neugeborenen Babys in Christus, die Macht des vertrauenden Gebets und die ernsthafte Nachfolge als Jünger Jesu – dies waren seine Lieblingsthemen.«

Die Bibel selbst – nicht Bücher über die Bibel

Als seine Methode, mit der Bibel umzugehen, zusehends kritisiert wurde, antwortete Daws mit einer Frage, die seine Kritiker wieder zu der entscheidenden

Bedeutung einer tiefen Kenntnis der Schrift zurück-
führte:

»Warum ist es erst 350 Jahre her, seitdem Gottes Volk
wieder begonnen hat, die Heilige Schrift zu lesen und zu
studieren? Sie hatten keine Bibeln, die sie lesen konnten.
Einige konnten auch nicht lesen, selbst wenn sie es
gewollt hätten. Oft erlaubte ihnen die organisierte Kirche nicht, eine Bibel zu besitzen . . .

Es war leichter, Bücher über die Bibel als die Bibel
selbst zu lesen. Wenn Sie zurück zur Bibel gehen wollen,
dann müssen Sie dies auch wirklich tun und keine Bücher
über die Bibel lesen. Ich glaube, daß biblische Kommentare und Bücher über die Bibel wie kleine Ferngläser sein
sollten, die uns sagen: ›Sieh noch einmal genauer hin und
entdecke, was du bei deiner ersten Beschäftigung mit der
Bibel nicht gesehen hast.‹ Ich erzähle den Menschen
gerne, was ich von G. Campbell Morgan, dem großen
englischen Pastor und Bibellehrer, gelesen habe. Er
lehrte folgende gute Gewohnheit: ›Lies die Bibel und
gewinne einen allgemeinen Überblick. Denke über die
Schrift nach und gewinne eine tiefere Erkenntnis.
Schwitze über dem Wort Gottes und gewinne Verständnis.‹

Ich kenne Männer, die keine Predigt halten können,
wenn sie nicht diverse Bücher zu Rate ziehen. Lassen Sie
mich Ihnen einen Tip geben, wie man eine Botschaft von
Gott vorbereiten kann. Nehmen Sie die Bibel, ein Stück
Papier, einen Kuli und viel Zeit – Zeit alleine mit Gott.
Fangen Sie dann an zu beten – bitten Sie Gott, Ihnen
seine Botschaft durch Sie auf dieses Blatt Papier zu
schreiben. Sie werden bald herausfinden, ob Sie mit dem
Licht leben, das Gott Ihnen schon gegeben hat.

Ja, ich glaube, dies ist einer der schwachen Punkte

unserer Kirchen: Einige Menschen befassen sich sehr eingehend mit einem Thema, sie schreiben Bücher, und dann kommt jeder und liest diese Bücher. Die Autoren wissen über alles Bescheid, aber die Leser sind nie an die Quelle gegangen, um selbst Erkenntnisse zu gewinnen.

Dies war auch ein wesentlicher Grund, warum alle diese neuen Bibeln mit Kommentaren herausgegeben wurden – die Scofield-Bibel, die Thompson-Bibel und die Analytische Bibel. Diese Studienbibeln sind großartig, aber sie sind ein Zeugnis für einen großartigen Menschen, der sich sein Leben lang intensivst mit der Bibel beschäftigt hat. Ihre Notizen und Kommentare können Ihnen sehr helfen, wenn Sie sie lesen und studieren. Aber achten Sie darauf, daß diese Notizen nur eine Hilfe und keine Krücke sind, auf die Sie sich immer stützen müssen. Sie sind nicht das Wort Gottes – nur die Bibel ist das!«

Auf Mitarbeiterfreizeiten und Konferenzen der Navigatoren nannte Daws oft drei grundlegende Prinzipien für die Beschäftigung mit der Bibel:

1. Suche nach der wörtlichen Bedeutung;
2. Suche nach praktischen Anwendungen;
3. Erkenne, daß dies vielleicht eine prophetische Offenbarung ist.

Diese Prinzipien hatte er aus seinem eigenen Bibelstudium gewonnen, wie auch von Bibellehrern, die er im Laufe der Jahre kennengelernt hatte.

Roy Robertson, Evangelist und erster Chinamissionar der Navigatoren, erinnert sich, daß ihn Dawsons Bibelkenntnis schon beim ersten Mal, als er ihn hörte, beeindruckte: »Er war für mich wie eine wandelnde Bibel. Er

hatte eine ausgeprägte Fähigkeit, mit der Bibel umzuge-
hen. Die Art, wie er von Seite zu Seite gehen und mir
den genau passenden Bibelvers nennen konnte, war
wirklich erstaunlich. Er war ein Meister in seinem Fach.
Ich verglich ihn mit einem der alten Propheten, die mit
Macht und Dynamik reden konnten. Hier war ein
Mann, der einen engen Kontakt mit Gott hatte. Ja,
Daws lebte aus der Kraft des Wortes Gottes.«

Daws drückte seine Ideen und Vorstellungen oft kurz
und prägnant aus. Zum Beispiel sagte er: »Gott sagt,
was er meint, und er meint, was er sagt« – und entwarf
so seine Lehre von der uneingeschränkten Autorität der
Bibel. »Vorbereitung und Überlegung bestimmen das,
was ich heute tue« – damit faßte er zusammen, wie
wichtig das Nachdenken über die Bibel ist. »Das Gefühl
darf das Handeln nicht ersetzen, das Handeln ist kein
Ersatz für die geistliche Frucht« – so unterstrich er den
Unterschied zwischen Kirchgang und Evangelisieren.
Später fügte er noch den Satz hinzu: ». . . und Frucht ist
kein Ersatz für geistliche Vermehrung.« Damit faßte er
den Unterschied zwischen Evangelisieren und Heranbilden von Jüngern zusammen. Er gebrauchte keine Fach-
ausdrücke. Seine Überzeugungen waren einfach zu verstehen. Er gründete sein Leben und seinen Dienst für
Gott auf die *Gewißheit*, daß Gottes Wort die Wahrheit
ist.

Völlige Hingabe an das Wort Gottes

Dawsons wörtliches Verständnis der Bibel forderte
von ihm auch einen wörtlichen Gehorsam. Dies wiederum bedeutete persönliche Disziplin, was ihn einige Mü-

he kostete, denn von Natur aus führte er kein besonders diszipliniertes Leben.

Bis zu seinem Tode forderte Daws von sich völlige Hingabe an das Wort Gottes, und er wünschte sich sehnlichst, daß andere mit ihm zielstrebig auf dem gleichen Weg nach vorne gingen. Dawson war besonders streng mit jenen Frauen und Männern, die in der christlichen Gemeinde oder in einer Organisation Verantwortung und Leitungsaufgaben hatten. Lk 12,48 überzeugte ihn davon, daß diese geistlichen Führungskräfte mehr als jeder andere zu einem disziplinierten Dienst verpflichtet seien: »Denn wem viel gegeben ist, bei dem wird man viel suchen; und wem viel anvertraut ist, von dem wird man um so mehr fordern.«

Dawson war ungewöhnlich fest in seinen Forderungen wie auch in seinem Wunsch, daß er jedem Christen in der ganzen Welt die Gelegenheit geben wollte, in den reichen Schatzkammern des Wortes Gottes graben zu können. Jeder Bereich seines Lebens war von dem Duft des Wortes durchdrungen. Die Basis, um ein siegreiches Leben als Christ führen zu können, war für ihn die Bibel. Seine Evangelisationsarbeit und seine Nacharbeit an Neubekehrten waren fest verankert in der Bibel, und sein Konzept der Gewinnung von Jüngern und Arbeitern für Christus durch einen persönlichen Dienst an ihnen war die Methode, die der Apostel Paulus selbst anwendete (vgl. 2 Tim 2,2). Seine Sicht der christlichen Gemeinde als einer Gruppe von dienenden Jüngern, die am Leben des Leibes aktiv teilnehmen, war ebenfalls biblisch (vgl. Eph 4,11–12). Und natürlich war die Erfüllung des Missionsbefehls aus Mt 28,19 der Schlüssel zu seiner großartigen Missionsstrategie.

Auf den Kriegsschiffen der amerikanischen Marine begannen wir damit, Männer dazu zu ermutigen, die Bibel zu lesen. Nach dem Kriegsende waren unsere Leute auf über tausend Schiffen und auf vielen Militärbasen überall in der Welt tätig. Sie dienten treu dem Herrn und legten für ihn Zeugnis ab. Ich glaube, daß das Geheimnis einfach darin lag, daß diese Männer in dem Buch des Lebens zu Hause waren und daß dieses Buch in ihnen lebte. Das Wort Gottes ist eine mächtige innere Kraft, die die Menschen befähigt, das zu befolgen, was es sagt.

Ich bin fest davon überzeugt, daß die Bibel das Leben von Männern und Frauen völlig verändert. Sie hat mein Leben völlig verändert. Seit ich Gottes Heiliges Wort, die Bibel, kennengelernt habe, werde ich nie wieder derselbe wie früher sein.

Dawson Trotman

6. KAPITEL:

»Alle halten sie Schwerter«

Die Handillustration war ein Ergebnis von Dawsons großem Eifer, anderen zu helfen eine Bibelkenntnis aus erster Hand zu bekommen. Einer der Verse, den er bei der Entwicklung dieses Beispiels benutzte, war Hl 3,8: »Alle halten sie Schwerter und sind geübt im Kampf; ein jeder hat sein Schwert an der Hüfte gegen die Schrecken der Nacht.«

Daws begann in seiner blühenden Phantasie ein Bild zu erarbeiten, das diese geistliche Wahrheit vermitteln sollte. Er dachte: Da die Bibel »das Schwert des Herrn ist«, müssen wir es mit einer »geistlichen Hand« ergreifen. Alle fünf Finger dieser Hand spielen eine wichtige Rolle, damit wir dieses Schwert fest in den Griff bekommen können.

Wie man das Schwert ergreifen kann

Roy Robertson erinnert sich, wie Dawson in den Kriegsjahren einmal das Bild mit der Hand gebrauchte:

»Eines Abends ging er zu der Bibelstunde unserer Soldaten und stellte dort die ›Handillustration‹ vor. Ich werde nie vergessen, wie er seine eigene linke Hand gebrauchte, mit der er seine kleine schwarze Bibel festhielt, als wäre sie ein Schwert in der Hand eines Streiters für Christus. Er erklärte den ungefähr 30 anwesenden Männern, daß die vier Finger seiner linken Hand die vier Werkzeuge seien, mit denen man sich eine Kenntnis der Bibel aneignen könne.

Der kleine Finger stellte das ›Hören auf das Wort‹ in der Predigt oder Lehre dar. Daws zitierte Bibelverse, um uns daran zu erinnern, daß das *Hören* für das Wachstum des Christen entscheidend ist: ›Der Glaube kommt also aus dem Hören, und das Hören aus dem Wort Gottes‹ – Röm 10,17. Er zitierte auch Jer 22,29: ›O Land, Land, Land, höre des Herrn Wort!‹

Dann bewegte er seinen Ringfinger und nannte diesen ›Das Wort lesen‹, was er von einem intensiveren Studium der Bibel unterschied.

Danach lenkte er unsere Aufmerksamkeit auf seinen Mittelfinger, den er ›Das Wort studieren‹ nannte, was sowohl Forschen als auch Notizen machen beinhaltete. Er meinte, dieser Finger sei der stabilisierende Finger der ganzen Hand. Er ermahnte die Soldaten, zu Beginn des Bibelstudiums keine Kommentare, Lexika oder Konkordanzen hinzuzunehmen, sondern mit einer Beschäftigung mit der Bibel aus erster Hand zu beginnen. Wer Gott dient und den Segen Gottes für seine Arbeit wünscht, solle nach 2 Tim 2,15 jemand sein, der bereit ist, zu studieren, d. h. zu graben und immer wieder neu zu graben.

Der Zeigefinger war ›das Auswendiglernen von Bibelversen‹. ›Ich behalte dein Wort in meinem Herzen . . .‹ (Ps 119,11)

Dann wiederholte Daws noch einmal, welche Funktionen die vier Finger übernehmen: Hören, lesen, studieren und auswendiglernen. ›Jede dieser vier Handlungsweisen wird uns in der Bibel nicht nur empfohlen, sondern auch geboten.‹ Die Handillustration hinterließ einen großen Eindruck bei seinen Zuhörern. Eine völlig neue Art, mit der Bibel geschickt umzugehen, wurde uns hier gezeigt.

Dawson vervollständigte das Bild der Hand mit folgender Mahnung: ›Ihr könnt nie ein Schwert ohne den Daumen ergreifen, der hier für das ›Nachdenken‹ über das Wort steht. Es ist bemerkenswert, daß drei mächtige Gottesmänner in der Bibel – Josua, David und Paulus – nicht nur wußten, wie man eine große Schlacht mit wirklichen Waffen führen muß und sein Leben für den Namen des Herrn aufs Spiel setzt. Jeder von ihnen wußte auch, daß die wahren Kämpfe, nämlich die geistlichen, die Waffe des Wortes, das Schwert des Geistes, erfordern. Diese drei Männer hatten alle Pläne gemacht, wie sie sicher sein konnten, daß ihre Schwerter auch scharf geschliffen waren. Das Nachdenken schärft das Schwert des Wortes!

Das Wort ›*nachdenken*‹ (oder ›meditieren‹) bedeutet im wahrsten Sinne des Wortes, daß man immer und immer wieder den Stoff, mit dem man sich beschäftigt, neu durchdenkt, bis er sich wirklich eingeprägt hat. Genau dies tut man, wenn man über das Auswendiggelernte aus der Bibel nachdenkt und es in seinem Leben anwendet.

Der Daumen macht es dem Krieger erst möglich, seine anderen vier Finger zu gebrauchen. Achtet einmal darauf, wenn ihr eure Hand zu einer Faust ballt, wie euer Daumen sich ganz natürlich über die anderen vier Finger legt. Das Nachdenken über die Bibel bewahrt also die Frucht der anderen Finger – hören, lesen, studieren und auswendiglernen –; es gibt ihnen noch mehr Kraft und festigt ihre positiven Auswirkungen. Nehmen wir aber einmal an, daß ein, zwei oder sogar drei Finger an unserer geistlichen Hand fehlen oder daß sie verkümmern, weil wir sie nicht gebrauchen. Wie wirksam wären wir dann noch als Soldaten Jesu Christi?‹«

Die Handillustration wurde zuerst Soldaten vorgetragen, die lernen mußten, mit ihren Bibeln richtig umzugehen. Dawsons Phantasie und Kreativität half ihnen da, wo sie es brauchten. Von dieser Zeit an war er ständig auf der Suche nach neuen Ideen und Methoden. Täglich bat er Gott, ihm neue Vorstellungen zu schenken, wie er anderen besser helfen könnte, die Bibel aus erster Hand kennenzulernen.

Wie man Bibelstellen schneller finden kann

Ein anderer seiner schlichten Einfälle war ein »Werkzeug«, das bald als Warenzeichen der frühen Navigatoren in der ganzen Welt bekannt wurde – ein Bibelindex, der als »Leiter« bekannt wurde. Diese Erfindung erwuchs aus Daws' Versuchen, seine Sonntagsschulklasse in das Wort Gottes einzuführen und ihr besonders dabei zu helfen, Bibelverse aufzuschlagen. Als er von seinen sechs Jungen verlangte, daß sie Röm 6,23 aufschlagen sollten, fand einer von ihnen den Vers in zehn, ein anderer in zwanzig Sekunden, wieder ein anderer ein paar Sekunden später, und die übrigen Jungen fanden ihn überhaupt nicht. Der Junge, der den Vers in zehn Sekunden gefunden hatte, ließ schließlich aus lauter Langeweile so lange Papierflugzeuge durch die Luft fliegen, bis die anderen den Vers auch endlich gefunden hatten. Dawson versuchte es also auf eine andere Weise: »Ich dachte, daß ich dieses Problem am besten lösen könnte, wenn ich der Klasse sagte, daß ich von jetzt ab die Bibelverse nachschlagen und vorlesen würde. Aber ich wußte in meinem Herzen, daß dies nicht das beste war. Es war vielleicht gut, aber nicht das beste.«

Dawson blieb seinen Lebensgewohnheiten treu und sagte Gott seine Not im Gebet: »Herr, ich möchte dich um etwas bitten. Ich weiß, daß dies eine ganz große Sache ist. Es ist vielleicht noch größer als die Erschaffung der Welt und schwerer, als das Universum festzuhalten. Aber wie in aller Welt kann ich eine Handvoll Jungen dazu bringen, Verse in der Bibel zu finden, ohne viel Zeit zu verschwenden?«

Daws fand die Antwort, als er eines Tages einen Schmutzflecken auf den Seiten entdeckte, wo in seiner Bibel die Psalmen standen. Von diesem Tag an suchte er nur nach diesem Flecken, wenn er die Psalmen finden wollte. Er brauchte nicht lange, bis er diese Erfahrung auch auf seine Sonntagsschulklasse anwenden konnte: »Wenn ich das mit den Psalmen machen konnte, dann ging es auch mit Jesaja. Ich nahm mir einen Stift und zog in meiner Bibel einen dünnen Strich, wo Jesaja zu finden war. Dann machte ich einen bei Matthäus. Aber das war ja die Antwort! Wir nahmen einfach die Neuen Testamente der Jungen und zogen Linien an den 27 Büchern entlang. Dann verbanden wir diese Linien miteinander zu einer Leiter. Mit Hilfe dieser Leiter machte es nun Spaß, verschiedene Bibelverse zu suchen. Diese Bibelübung wurde von nun an wöchentlich in das Programm aufgenommen, und keiner meiner kleinen Experten brauchte von nun an mehr als einige Sekunden, um genau die richtige Seite und den Vers aufzuschlagen.«

Dawson ermutigte seine Jungen, ihre Testamente mit in die Schule zu nehmen, aber dies führte zu Problemen. Wenn sie versuchten, sie in ihren Hemdentaschen zu tragen, fielen die Testamente heraus, und die anderen Kinder nannten sie ›Weichlinge‹. Dawson wollte, daß seine Schützlinge richtige Jungs waren, also sagte er ihnen, sie sollten ihre Testamente in ihren Hosentaschen tragen. Aber wenn die Jungen dann Baseball spielten, überlebten ihre Bibeln das nicht.

Auch für dieses Problem fand Dawson eine Lösung. Tabakdosen hatten genau die richtige Größe für ein kleines Neues Testament und paßten in eine Hosentasche. Einer der Jungen seiner Gruppe wollte den Tabakgeruch aus seiner Dose herausbekommen. Deshalb kochte er sie in einer starken Waschlauge. Die ganze Farbe ging ab, und die Dose kam glänzend und klar heraus wie eine verchromte Autostoßstange. Jeder wollte, daß seine Dose genauso aussah. Bald hatte Daws zwei oder drei Jungen eingestellt, die diese chromähnlichen Dosen für 30 Pfennig das Stück an die anderen Jungen verkaufen sollten, damit sie sowohl ihre Testamente mit in die Schule nehmen als auch Baseball spielen konnten. Wenn die Jungen jetzt Baseball spielten, erlitt das Testament keinen Schaden, während die Hosentaschen meistens ruiniert wurden. Dawson sagte dazu: »Aber das ist nicht mein Problem.«

Eine Methode, Bibelverse auswendig zu lernen

Daws hielt das Auswendiglernen von Bibelversen für sehr wichtig. Für ihn war das eine Methode, wie das Wort ein ständiger und fester Bestandteil seines Lebens werden konnte. Nachdem er selbst angefangen hatte, Verse zu lernen, glaubte er, daß andere das auch tun sollten. Er beschrieb, wie sich sein erster Schrifteinprägekurs entwickelte: »Ich arbeitete fieberhaft daran, 83 Bibelverse auszusuchen, die jeder Christ für sein geistliches Wachstum braucht. Der erste Vers dieses Schrifteinprägekurses war einer meiner Lieblingsverse: ›Und nun befehle ich euch Gott und dem Wort seiner Gnade, der da mächtig ist, euch zu erbauen‹ (Apg 20,32). Zu diesen Versen legte ich eine kleine Karte, auf der man sich verbindlich dazu bereit erklären sollte, die Verse auch wirklich zu lernen. Ich erwartete von jedem, daß er diese Karte sofort unterschrieb und sie mir nach Lomita zurückschickte. Das Versprechen war etwa so formuliert: ›Weil ich diese Verse bekommen habe, verspreche ich, den Zweck zu erfüllen, für den sie zusammengestellt wurden. Wenn ich zu irgendeiner Zeit mein Versprechen nicht erfülle, verspreche ich, sie zurückzuschicken.‹«

Dawson erzählte, wie begeistert er war, als er diesen Kurs herausbrachte: »Mann, das ist eine todsichere Sache. Ich werde nur die Leute nehmen, die das wirklich wollen, und ich werde ihnen die Verse und die Karte mit dem Versprechen zuschicken. Die 60 Dollar, die ich dafür ausgebe, diesen Kurs drucken zu lassen, sind das beste Geld, das ich je ausgegeben habe. Diese 83 Verse standen in einem kleinen Heft, das in jeder Tasche Platz fand. Auf der einen Seite standen immer fünf Bibelverse, auf der anderen die Bibelstellen. Dem Drucker gefiel dieser Kurs so sehr, daß er zweitausend Stück mehr druckte, als ich bestellt hatte. Er gab mir eintausend umsonst. Wir hatten also jetzt 3000 dieser kleinen Hefte zum Auswendiglernen von Bibelversen.

Einige Wochen vergingen, und ich dachte, daß es jetzt an der Zeit sei, den Erfolg zu kontrollieren. In diesen Tagen lernte ich erst langsam, wie wichtig eine solche Kontrolle ist und daß man sich nicht unbedingt auf die Versprechen der Leute verlassen kann. Ich besuchte oder rief ungefähr 100 Leute an. Haben Sie eine Vorstellung davon, wie viele von ihnen auch nur ein Drittel dieser 83 Verse gelernt hatten? Nur einer von 100 – ungefähr zehn von ihnen waren nur bis zu dem sechsten oder achten Bibelvers vorgedrungen.«

Aber Dawson ließ sich nicht so leicht entmutigen. Er war so fest davon überzeugt, daß es für Christen entscheidend wichtig sei, Bibelverse zu lernen, daß er entschlossen war, es weiter zu versuchen, bis Gott ihm zeigen würde, wie er die Menschen dazu bewegen könne. Er wußte, daß die Leute Motivation, Hilfe und irgendeine Art von System brauchten. Aber er entdeckte auch, daß sie jemanden brauchten, der an ihrer Seite stand und sie ermutigte, weiterzumachen.

Um besser Antworten auf diese Schwierigkeiten zu finden, begann Dawson damit, eine Gruppe von Männern und Frauen um sich herum zu scharen, die ebenfalls eine tiefe biblische Ausrichtung hatten. Sie stellten sich solch entscheidenden Fragen wie: Lernen wir gerne Bibelverse auswendig? Wenn nicht, warum nicht? Wenn wir es doch eigentlich gerne möchten, warum ist es dann so schwer, konsequent zu sein? Was sind einige der Gründe, warum Mitglieder christlicher Gemeinden im allgemeinen nicht mit der Bibel vertraut sind?

Dawson dachte später darüber nach:

»Es gab eine Menge kleiner Dinge, die uns noch nicht in den Sinn gekommen waren. Zuerst einmal erkennen die meisten Glieder einer Ortsgemeinde gar nicht die Bedeutung der Bibel. Zweitens haben sie sich noch nicht bewußt dazu entschlossen, in ihrem Leben persönliche Disziplin zu üben. Sie haben noch nicht zu sich gesagt: ›Die Bibel ist so wichtig – ich werde sie erobern.‹ Drittens, und vielleicht ist dies der wichtigste Grund, ist es so, daß die Menschen nie den Anfang finden. Sie wollen es schon irgendwann tun, aber nicht heute.

Die größte Zeitverschwendung besteht darin, daß man so viel Zeit damit vertut, bis man endlich mit einer Sache anfängt. Und wenn die Leute dann endlich anfangen, lassen sie sich so leicht durch alles mögliche ablenken. Dies ist eine der wirksamsten Waffen des Teufels – das Gute ist der Feind des Besten. Die meisten Menschen, die ich kenne, haben sich seit ihrer Geburt immer wieder ablenken lassen, und zwar von den Dingen, die sehr wenig Kraft und Anstrengung erfordern. Ich glaube, daß viele Kirchenmitglieder deswegen Versager für den Herrn Jesus Christus sind, weil sie auch beim Auswendiglernen von Bibelversen versagen – sie lassen sich von ihrem ursprünglichen Ziel ablenken.

Es fällt dem Fleisch sehr schwer, Gottes Gedanken zu denken. Es ist schwer, sich auf geistliche Dinge zu konzentrieren. Unser Verstand denkt nicht gerne nach, besonders wenn es um geistliche Dinge geht. Wir sitzen lieber in einem schönen, weichen Sessel in einer kühlen Brise und möchten am liebsten auf einem weichen Blumenbett zum Himmel getragen werden. Mir ist klar, daß es im Leben viele Dinge gibt, die uns leicht zufallen. Aber Gottes Wort auswendiglernen und wirklich in sein Herz aufnehmen, gehört nicht zu den einfachen Dingen im Leben. Das ist etwas Geistliches. Alles Geistliche ist harte Arbeit, und mein Fleisch und Blut möchte nicht arbeiten. Aber es *ist* möglich – wir können es schaffen!«

Das Vorrecht, zu allem guten Werk geschickt zu sein

Jeder Mensch – das glaubte Dawson ganz fest – konnte das Vorrecht haben, zu jedem guten Werk »geschickt und ausgerüstet« zu sein. Er zitierte gerne 2 Tim 3,17 nach der englischen Phillips-Übersetzung: »Die ganze Bibel ist die umfassende Ausrüstung des Mannes Gottes und kann ihn in allen Bereichen seiner Arbeit ausrüsten und geschickt machen.«

Dawson hatte einen großen Respekt vor der unendlichen Kraft des Wortes Gottes, Menschenleben zu verändern. Er hatte miterlebt, wie sich junge Männer aus dem Hinterland freiwillig für die Armee meldeten und dort unter der Disziplin eines reglementierten Lebens und unter dem Einfluß des Wortes Gottes auf ihren Kriegsschiffen zu wirklichen Männern Gottes wurden.

Dawson hatte gesehen, wie verweichlichte Menschen durch die Kraft der Bibel umgewandelt wurden und kühn wie Löwen ihr geistliches Zeugnis weitergaben. Unter der Autorität der Schrift wurden Menschen, die vom Alkohol, vom Glücksspiel oder von der Sexualität versklavt waren, erfolgreiche Industriemanager oder Kämpfer für Christus auf dem Missionsfeld. Von den ersten fünf Matrosen, um die sich Dawson auf dem Kriegsschiff »West Virginia« kümmerte, gingen vier auf das Missionsfeld.

Dawson glaubte fest: »Wenig ist viel, wenn Gott dabei ist.« Dieser Satz trifft nirgendwo mehr zu als im Leben eines Menschen, der ganz an Gottes Wort und an Christus hingegeben ist. Hier ist das Zeugnis eines solchen Menschen – Les Spencer, der Daws um Hilfe bat. (So entstand eine Kette von Diensten, wo einer dem anderen weiterhalf, und hieraus entstanden letztlich die Navigatoren.)

Les Spencer berichtet: »1932 traf uns die Weltwirtschaftskrise besonders hart. Obwohl wir auf einem Bauernhof lebten, wo es immer viel zu essen gab, war es schwer, eine Familie mit sechs Kindern mit allem Nötigen zu versorgen. Da es für einen jungen Mann, der gerade seinen Schulabschluß hatte, fast unmöglich war, in einem kleinen Dorf in Illinois Arbeit zu finden, beschloß ich, meiner Familie finanziell dadurch zu helfen, daß ich mich der Marine anschloß. Es dauerte nicht lange, bis ich Dawson Trotman begegnete. Wir machten uns auf zu einem geistlichen Abenteuer, das bis heute nicht zu Ende ist. Mein Leben wird nie wieder wie früher sein. Daws' Liebe zu Gott, zu den Menschen und zu der Bibel hat mein junges Herz sofort spürbar ergriffen. Seine Kenntnis des Wortes Gottes aus erster Hand war etwas, das ich bei keinem anderen Menschen je erlebt hatte. Seine Fähigkeit, mit der Bibel umzugehen und zu leben, hat mich unwahrscheinlich beeindruckt.«

Nach seiner Entlassung aus der Marine hat Les viele Jahre einen sehr fruchtbaren und gesegneten Dienst in dem amerikanischen Dachverband der Sonntagsschulen getan.

Viele der grundlegenden Ideen, die Dawson neu betonte, waren gar nicht so neu. Schon lange bevor er geboren war, hatten Menschen Bibelverse auswendiggelernt, und die Kirchen hatten seit Hunderten von Jahren evangelisiert, in der Bibel gelesen und studiert und Neubekehrte im Glauben geschult. Dawson verstand es jedoch, alle diese Aspekte des Glaubens in einer frischen und ansprechenden Weise zusammenzustellen. Dawson war ein Leiter, der immer das Beste aus vielen verschiedenen Quellen zusammentrug. Seine Energie und seine Kreativität ermöglichten es Hunderten und vielleicht Tausenden von Menschen, »zu jedem guten Werk fähig« zu sein (2 Tim 3,17).

Ein Prediger bemerkte: »Dawson war ein dynamischer Mann – er wurde vom Geist Gottes durch das Wort

Gottes getrieben, jedem einzelnen der Kinder Gottes zu helfen. Gott sei Dank, daß ich einer von ihnen war!«

Ein spontaner Prediger

Dawson glaubte auch, daß er das Wort Gottes predigen und dazu stehen solle, es sei zur Zeit oder zur Unzeit (2 Tim 4,2). Für ihn bedeutete dieser Bibelvers: »Begib dich in das Wort hinein, erlaube dem Wort, dich zu erfüllen. Und dann konzentriere dich darauf, anderen das Wort mitzuteilen.«

Selten predigte oder lehrte Daws darüber, *wie* man Bibelverse auswendiglernt oder in der Bibel studiert. Er liebte es, das Wort zu predigen, und er half seinen Zuhörern dazu, daß sie von sich aus gerne in der Bibel studierten oder Bibelverse auswendiglernten. »Wes das Herz voll ist, des geht der Mund über« (Mt 12,34). Weil sein Brunnen immer voll des Lebenswassers war, konnte dieses Wasser ständig fließen. Dawson predigte nicht nach der Standardpredigtlehre. In seiner ihm eigenen spontanen Art, die von Herzen kam, predigte er das Wort, wie er es verstanden hatte – provokativ, dynamisch, kreativ, lebenspendend, Sünden vergebend und für jeden Gläubigen, ob jung oder alt, als die wichtigste Nahrung.

Der folgende Brief aus der Feder eines jungen presbyterianischen Predigers zeigt die besondere Wirkung, die Dawsons Predigten bei Menschen hinterließen:

»Ich lernte Daws bei einer Evangelisation von Billy Graham 1952 in Pittsburgh kennen. Ich hatte gerade meine theologische Ausbildung beendet. Einer der Ältesten meiner Gemeinde lud mich zu einer Nacharbeitsveranstaltung ein, die in einer presbyterianischen Kirche in der Innenstadt stattfinden sollte. An einem Donnerstagmorgen ging ich also um 6.45 Uhr dorthin und sah, daß die Kirche übervoll mit Menschen war, die diesem Mann zuhörten, der ein seltsam aussehendes, anschauliches Hilfsmittel unter dem Arm hielt. Später erfuhr ich, daß dies die Rad-Illustration war, die einen ausgeglichenen Christen darstellen sollte. Ich begann, ihm überall dorthin, wo er in der Stadt sprach, zu folgen. An einem Morgen hörte ich ihn vor 10 Uhr dreimal. Am Ende des dritten Treffens war ich so vom Geist Gottes beeindruckt und davon, daß hier ein Mann die Wahrheit redete, daß ich zu ihm ging und sagte: ›Ich bin Pastor einer kleinen Gemeinde, und ich brauche Hilfe!‹

Er sah mich an und sagte: ›Wie alt sind Sie, Ken?‹

Ich antwortete: ›25.‹

›Großartig! Wir haben Gott gebeten, daß sich Männer Ihres Alters melden, die ganze Sache mit ihm machen wollen.‹

Ich sagte: ›Herr Trotman, ich meine es ernst!‹

Ich spürte, daß dieser Mann ein Herz dafür hatte, Gott wirklich kennenzulernen und herauszufinden, was Gott von ihm wollte. Er hatte sein Leben dafür hingegeben, zu lernen, wie man es tut, und es dann auch wirklich *zu tun*. Ich war noch nicht vielen Männern wie ihm begegnet. Ich glaube, daß für Dawson das Wort Gottes wirkliche Kommunikation mit Gott bedeutete. Er beugte sich, um diesem Wort zu gehorchen. Weil er der Schrift gehorchte, konnte er so kraftvoll mit ihr umgehen.

Hier war ein Mann, der mit Zuversicht und Vertrauen predigte und der erlebte, wie Menschen zu

Christus fanden. Dieser Mann begnügte sich nicht nur damit, sie zu Christus zu führen, sondern er war auch in der Lage, sie zu schulen, damit sie ihrerseits andere zu Jüngern machen konnten. All dies war für mich als Pastor einmalig.«

Der Geist Gottes des Herrn ist auf mir, weil der Herr mich gesalbt hat. Er hat mich gesandt, den Elenden gute Botschaft zu bringen, die zerbrochenen Herzen zu verbinden, zu verkündigen den Gefangenen die Freiheit, den Gebundenen, daß sie frei und ledig sein sollen ... zu schaffen den Trauernden zu Zion, daß ihnen Schmuck statt Asche, Freudenöl statt Trauerkleid, Lobgesang statt eines betrübten Geistes gegeben werden, daß sie genannt werden »Bäume der Gerechtigkeit«, »Pflanzung des Herrn«, ihm zum Preise.

Jesaja 61,1.3

7. KAPITEL:

Menschenfischer

Die 20er Jahre waren in den Vereinigten Staaten von einem großen wirtschaftlichen Aufschwung geprägt. Besonders in Kalifornien hatte die Wohnungsbauindustrie Hochkonjunktur. Sie mußte Bauanträgen vieler Familien nachkommen, die in das Land des Sonnenscheins und der Apfelsinen umziehen wollten. In diesem Geschäftsklima fand Dawson ganz leicht eine Arbeit bei einer Holzfabrik in Lomita. Die Arbeiter dort waren sehr rauh und hart. In der Mittagspause spielten sie mit Karten um Geld und erzählten einander schmutzige und zweideutige Witze.

Sie machten sich gerne über einen Laienprediger lustig, der jede Woche zu ihnen kam, um ihnen die Gute Nachricht von Jesus Christus zu predigen. Der Prediger erduldete ihren Spott und hörte nicht auf, das Evangelium zu verkündigen.

Daws hatte das Gefühl, daß er zu diesem Laienprediger hingehen und sich als neubekehrter Christ zu erkennen geben sollte. Aber er wußte auch, daß seine Kameraden ihn dann mit diesem Prediger identifizieren würden. Es war eigentlich nur eine Kleinigkeit. Dennoch kämpfte Daws damit, weil er erkannte, daß Gott von ihm verlangte, Farbe zu bekennen und sich auf seine Seite zu stellen. Er hatte Angst. Er brauchte zwei Wochen, bis er den Mut aufbrachte, diesem Prediger die Hand zu schütteln.

In späteren Jahren traf Dawson oft Menschen, die zu ihm sagten: »Tja, wenn ich die Kraft, die Energie und Initiative hätte, die Sie haben, dann könnte ich auch ein

Christ sein, der freimütig seinen Glauben bekennt.«
Daws begegnete solchen Gedankengängen immer so:
»Sie sehen vor sich den feigsten und schwächsten Christen, der je gelebt hat. Ich mußte zwei Wochen lang jeden Tag um Kraft und Mut beten, damit ich zu diesem Mann hingehen und ihm die Hand schütteln konnte.«

Im Laufe der Zeit gewann Daws die Überzeugung, daß Gott von ihm auch verlangte, vor seinen Mitarbeitern in der Mittagspause ein Zeugnis zu geben. Er sagte Gott immer wieder, er wolle alles tun, was er von ihm verlangen würde, aber diese eine Sache verschob er immer wieder. Er betete: »Herr, laß mich doch bitte mein Christsein in Ruhe leben.« Nach drei Wochen gab er nach und sagte »Ja« zum Herrn. In der darauffolgenden Woche hing ein Zettel am Schwarzen Brett direkt über der Stechuhr: SCHWEINCHEN (das war Daws' Spitzname) TROTMAN WIRD AN DIESEM DONNERSTAGMITTAG AM HAUPTEINGANG PREDIGEN! Obwohl es später nur eine Kleinigkeit zu sein schien, war doch der Gehorsam Gott gegenüber zu diesem Zeitpunkt entscheidend wichtig. Daws sagte dazu: »Ich glaube, mein ganzes Christsein hätte sehr darunter gelitten, wenn ich nicht diese Entscheidung getroffen hätte.«

Dawson sprach tatsächlich an jenem Donnerstagmittag am Haupteingang, und die ganze Belegschaft war gekommen. Er sagte ihnen ganz einfach sein Zeugnis, wie er Christ geworden war. Er erzählte von seinen Schwierigkeiten mit der Polizei, von seinem Versprechen, am folgenden Sonntagabend zur Kirche zu gehen, und von dem Wettbewerb mit dem Auswendiglernen von Bibelversen. Dann sagte Daws vor diesen Holzarbeitern die Verse auf, die er damals gelernt hatte, und zwar alle zehn mit Bibelstellen! Damit war er mit seinem Zeugnis fertig. So brachte unser ›Laienprediger‹ seine Sache in dieser Mittagspause zu einem erfolgreichen Ende.

Lebendige Menschen fischen

Das war jedoch erst der Anfang. Dawson verbrachte die folgenden 30 Jahre damit, Männer und Frauen auf der ganzen Welt von Christus zu erzählen.

Aber sein christliches Zeugnis begann in seiner Heimatstadt in Lomita, Kalifornien, und in seiner täglichen Arbeitswelt, in der Holzfabrik.

Seit seiner Bekehrung zum lebendigen Glauben legte Dawson das Hauptgewicht auf die Evangelisationsarbeit. Sein Mitgefühl für die Verlorenen wuchs in dem Maße, wie er älter wurde. Er versuchte alles. Zuerst gab er sein Zeugnis im »Fischerklub« (einer christlichen Organisation) in Long Beach. Diese Stadt hatte einen berühmten Vergnügungspark. Hierhin gingen die Matrosen, um sich zu amüsieren, und hier kam Dawson mit Hunderten von Matrosen in Kontakt. Bald hielt er Freiversammlungen in dem muschelförmigen Orchesterpavillon, wo er und andere persönlich von Christus Zeugnis ablegten und predigten.

Dr. Charles Fuller sendete seine weltweite Radiosendung »Die altmodische Erweckungsstunde« aus dem großen Saal der Gemeinde in Long Beach. Dawson und seine Männer schlossen sich dieser strategisch wichtigen evangelistischen Arbeit an.

Im Juni 1940 schrieb Dawson: »Der Unterschied zwischen dem Fischen von Menschen und von Fischen besteht darin: Fische fängt man lebendig, und dann sterben sie. Dagegen fischt man Menschen, die tot sind, und bringt sie zum Leben.«

In all diesen Jahren, in denen Daws hart arbeitete, um sich seinen Lebensunterhalt zu verdienen, und in denen er gleichzeitig vierzig bis fünfzig Stunden wöchentlich in seine Missionsarbeit investierte, isolierte er sich nie von der Welt. Je mehr er sich in der christlichen Gemeinde engagierte und jungen Christen nachging, desto mehr streckte er seine Fühler aus, um Nichtchristen für Christus zu gewinnen.

In diesen frühen Tagen seines Christseins machte er für sich einen Plan, daß er abends nie zu Bett gehen würde, bis er nicht wenigstens mit einem Nichtchristen gesprochen hätte. Mehr als einmal kostete ihn dies einigen Schlaf. »Eines Abends ging ich um 23.30 Uhr ins Bett. Als ich mich hinkniete, um zu beten, fiel mir ein, daß ich an diesem Tag noch mit niemandem über Christus geredet hatte. Ich sagte: ›Herr, ich habe heute mit keinem geredet; dafür werde ich morgen mit zwei Leuten reden.‹ Ich legte mich hin, konnte aber nicht schlafen. Ich sagte mir: ›Wenn du dies heute abend durchgehen läßt, Daws, wirst du es immer wieder tun. Gib dem Teufel den kleinen Finger, und er nimmt die ganze Hand.‹ Ich stand also auf, zog mich an und fuhr mit meinem Wagen los. Ich betete: ›Herr, du mußt mir heute abend noch jemanden über den Weg schicken.‹«

Daws sah einen Mann, der gerade einen Nahschnellverkehrszug verpaßt hatte und hinter ihm herlief. Er fuhr also zu ihm und bot ihm an, ihn mitzunehmen. Der Mann nahm dankend an und fragte Daws, wie weit er denn fahren würde. Daws antwortete: »Ich fahre genauso weit, wie Sie wollen!« Diese Antwort löste bei dem Mann Angst aus; deshalb kam Daws schnell zur Sache:

»Hören Sie zu, ich werde es Ihnen gleich erklären. Ich habe heute abend schon im Bett gelegen. Ich möchte gerne wieder schlafen gehen, aber ich habe es mir in meinem Leben zur Regel gemacht, wenigstens einmal am Tag die gute, wunderbare Geschichte von Christus zu erzählen. Heute habe ich das noch nicht getan. Ich bin aufgestanden, und Sie sind meine Chance. Kann ich direkt anfangen, damit ich bald nach Hause fahren kann?« Der Mann lachte und sagte: »Aber sicher!«

In der folgenden Stunde öffnete dieser Mr. Ford sein Herz. Er erzählte von seinem Wunsch, Gott kennenzulernen, seinen Versuchen, zur Kirche zu gehen, wo die Bibel gepredigt wurde, und von seiner Offenheit den Ansprüchen Christi gegenüber. In den frühen Morgenstunden nahm dieser Geschäftsmann Jesus Christus als seinen Erretter an. Und Dawson, der glückliche und müde Menschenfischer, konnte endlich ins Bett kriechen.

Dawson war ein lebendiges Vorbild für sein eigenes Lebensmotto: »Jeder Christ – ein Zeuge, jeder Nichtchrist – ein Kandidat für das Reich Gottes.«

Dawsons Engagement für die Evangelisationsarbeit kann in einem Wort zusammengefaßt werden: *Liebe*. Dawson liebte den Herrn Jesus Christus; er liebte die Verheißungen und die Gebote der Heiligen Schrift; er liebte die Menschen. Aus dieser dreifachen Liebe kamen Mitgefühl, Behutsamkeit und Eifer. Dawson wurde ein Mensch, in dessen Leben Christus im Mittelpunkt stand. Er ließ nicht zu, daß ihn irgend etwas daran hinderte, zur Ehre Gottes zu leben. »Mein größtes Lebensziel ist, Gott zu verherrlichen.«

Liebe für den einfachen Mann

Dawson glaubte sehr fest an das »allgemeine Priestertum aller Gläubigen«. Er unterstrich sowohl die Pflichten als auch die Vorrechte des einzelnen »Priesters Jesu«.

Die Menschen reagierten sehr schnell positiv auf das herzliche persönliche Interesse, das Daws für sie hatte. Ein Matrose erzählte: »Ich erinnere mich, wie ich ihm zum ersten Mal vorgestellt wurde. Daws war so nett zu mir, als ob wir alte Freunde wären. Ich war doch nur ein ganz einfacher Matrose, und er kannte mich nicht, aber er kümmerte sich sehr persönlich um mich. Er war aufrichtig an mir interessiert, und dies auf eine sehr herzliche und freundliche Art und Weise.

Dawson kam oft nach Oakland, und mehr als einmal fragte er nach mir und lud mich ein, mit ihm an einen See zu fahren, um dort zu beten. Ich konnte einfach nicht verstehen, warum Daws ausgerechnet nach *mir* fragte – er kannte doch Dutzende von Menschen in dieser Gegend. Er glaubte wirklich daran, daß ich mehr konnte als ich mir zutraute. Er glaubte an mich, und er redete nie von oben herab mit mir – und natürlich forderte mich das heraus, Besseres zu leisten. Dawson erwartete mehr von mir, als ich selbst von mir erwartete. Das ist wohl einer der Gründe dafür, warum ich mehr geleistet habe als ich je geschafft hätte, wenn ich Daws nicht begegnet wäre.«

Persönliche Evangelisation war Daws' Meinung nach die Aufgabe und die Pflicht eines jeden Christen, selbst des einfachsten. Besondere geistliche Gaben waren hierfür nicht nötig. Er erinnerte seine Zuhörer oft an 1 Kor 1,26–29: »Seht doch, liebe Brüder, auf eure Berufung. Nicht viele Weise nach dem Fleisch, nicht viele Mächtige, nicht viele Angesehene sind berufen. Sondern was töricht ist vor der Welt, das hat Gott erwählt, damit er die Weisen zuschanden mache; und was schwach ist vor der Welt, das hat Gott erwählt, damit er zuschanden mache, was stark ist; und das Geringe vor der Welt und das Verachtete hat Gott erwählt, das was nichts ist; damit er zunichte mache, was etwas ist, damit sich kein Mensch vor Gott rühme.« Daws stützte sich oft auf diesen Vers, wenn er sagte: »Ich rede nicht zu euch talentierten Leuten, sondern zu den einfachen und gewöhnlichen Leuten. Ich glaube, offen gesagt, daß die einfachen Leute diese Arbeit weit besser erledigen als die talentierten.«

Dawson liebte den einfachen Menschen in einer ungewöhnlichen Art, vielleicht weil er das Gefühl hatte, auch aus einem sehr einfachen Holz gemacht zu sein. Seine Art, andere anzunehmen, war erfrischend.

Daws glaubte, daß die meisten Christen weit unter ihren Möglichkeiten arbeiten – besonders was das Evangelisieren angeht. Um dieser Tendenz entgegenzuwirken, ermutigte er die Menschen, groß von sich zu denken, wie dies ein Zeugnis eines seiner Freunde zeigt: »Daws glaubte wirklich daran, daß ich wichtig war. Er war davon überzeugt, daß ich weit mehr tun konnte, und er wollte unbedingt, daß ich es tat. Er setzte alles daran, mir zu helfen, wirklich etwas erledigt zu bekommen. Er malte mir große Bilder vor Augen, was ich für Gott tun könne. Dies bewirkte, daß ich mir mehr Mühe gab und mehr erreichen wollte. Einige der Gründe, warum ich mit sechzig Jahren dieses Leben nicht aufgegeben und mich immer darum bemüht habe, Besseres zu leisten, und warum ich mich meines Lebens so freue, sind wohl in den Dingen zu finden, die Dawson Trotman vor vielen Jahren fest in meinem Leben verankert hat.«

Dawson glaubte, daß Mt 4,19 den Schlüssel für die Evangelisation von Mann zu Mann bot: »Und er (Jesus) sprach zu ihnen: Folgt mir nach; ich will euch zu Menschenfischern machen!« Aus diesem Vers entnahm er die folgenden drei Prinzipien: 1. Geh dorthin, wo die Fische sind. 2. Benutze das richtige Werkzeug. 3. Fische mit der richtigen Einstellung. – Diese richtige Gesinnung beim Fischen konnte sich nur entwickeln, wenn man dem Gebot Jesu gehorchte: »Folgt mir nach.«

Ein Ort, wo Dawson am meisten evangelisierte, war sein eigenes Zuhause. Er liebte seine Frau, seine Kinder und gute Hausmannskost. Aber er erkannte auch, daß seine Familie, sein Haus und sein persönliches Leben ganz Gott gehören mußten. Deshalb brachte er immer wieder Leute zum Essen mit nach Hause. Manchmal wußte seine Frau Lila vorher davon, und manchmal wurde sie überrascht, aber nie überrumpelt. Daws erzählte, wie sie sich auch zu Hause zum Dienst verpflichtet fühlten:

»Schon sehr früh in unserer Ehe haben Lila und ich Jes 60,11 als Motto für unsere Familie in Anspruch genommen: ›Deine Tore sollen stets offen stehen und weder Tag noch Nacht zugeschlossen werden.‹ Wir haben an einem Sonntag geheiratet und unser Haus schon am nächsten Mittwoch für andere geöffnet. Wir konnten uns nur zwei Tage ›Flitterwochen‹ leisten. Es dauerte nicht lange, bis der erste Matrose sein Leben dem Herrn übergab. Menschen aus jedem der 48 amerikanischen

Bundesstaaten haben seitdem in unserem Haus den Herrn kennengelernt. Es gab einen Zeitraum von sechs Monaten, wo wir selten ein Frühstück oder ein Abendessen alleine einnahmen, denn wir hatten immer Matrosen zu Besuch. Ich glaube von ganzem Herzen, daß einer der besten Orte, an dem man Menschen für Christus gewinnen kann, das eigene Heim ist.«

Das Auswendiglernen von Bibelversen brachte ebenfalls immer größere Frucht in der Evangelisationsarbeit. Eines Abends, nachdem die Trotmans zu Abend gegessen hatten, sollte jeder am Tisch einen Lieblingsbibelvers aufsagen, den er auswendig gelernt hatte – dies war bei den Trotmans schon zur Tradition geworden. Ein Matrose, der bei ihnen zu Gast war, bereitete sich darauf vor, den einzigen Vers, den er kannte – Joh 3,16 –, aufzusagen, als die vierjährige Tochter der Trotmans, Ruth, die neben ihm saß, gerade diesen Vers zitierte! Ein kleines Kind hatte diesem Matrosen den Vers vorweggenommen.

Einige Wochen später bekam Daws einen Brief von eben diesem Matrosen. Er dankte ihm für die Gastfreundschaft und erzählte dann, wie er an jenem Abend auf das Schiff zurückgekommen sei und wie die Stimme der kleinen Ruth, die Joh 3,16 aufgesagt hatte, noch in seinen Ohren nachgeklungen habe. Er erkannte plötzlich zum ersten Mal in seinem Leben, daß er selbst in diesem Vers vorkam: »... auf daß alle, die an ihn glauben, nicht verloren werden, sondern das ewige Leben haben.« Er erkannte, daß er dieses Gratisgeschenk Gottes noch nie akzeptiert hatte. Da kniete er im tiefen Bewußtsein seiner Sünde neben seiner Koje nieder und gab Christus sein Herz.

Die Angst vor dem Zeugnisgeben überwinden

Persönliche Evangelisation ist oft schwierig. Anderen von Jesus Christus zu erzählen, erfordert ein konsequentes Gebetsleben und regelmäßiges Bibellesen. Und obwohl uns Gott beim Zeugnisgeben beschützt und uns eingibt, was wir sagen sollen, halten uns doch oft Ängste ab. Daws kannte diese Ängste, selbst als reifer Christ: »Manchmal habe ich fast Angst davor, den Herrn zu bitten, mir eine Seele zu geben, denn ich weiß, daß, wenn ich ihn bitte, ich anschließend tätig werden muß. Ich bin jetzt seit 29 Jahren Christ, und noch immer habe ich Angst davor, mit einem Menschen über die Notwendigkeit seiner Erlösung zu sprechen.

Es bedrückte mich sehr, daß ich nach so vielen Jahren der Arbeit mit einzelnen noch immer diese Furcht hatte. Dann erkannte ich jedoch plötzlich, daß diese Furcht nur ein kleines rotes Licht war, das an- und ausging, um mich daran zu erinnern, daß es ›nicht durch Heer oder Kraft, sondern durch meinen Geist‹ geschehen soll. Du kommst nie dahin, daß du es selber machen kannst. Du brauchst immer den Herrn.«

Wenn man darum betet, Gelegenheiten zum persönlichen Zeugnis zu bekommen, kann dies zu unerwarteten Erfahrungen führen. Daws hat auch das erlebt:

»Ich bat einmal um Gottes Hilfe beim Zeugnisgeben. Dann fing ich an, nach einem Menschen zu suchen, mit dem ich reden könnte. Ich fuhr zu dieser Zeit einen alten, klapprigen Wagen. Unterwegs sah ich einen Mann, der auf einer Straße in Los Angeles trampen wollte. Ich sah bewußt geradeaus und schaute auf die rote Ampel, bei der ich anhalten mußte. Aus dem Augenwinkel musterte ich den Burschen. Er sah groß und derb aus; deshalb dachte ich, es sei der Falsche. Er würde mir gar nicht zuhören wollen. Ich wartete darauf, daß die Ampel endlich auf Grün umschalten würde, aber aus irgendeinem Grunde dauerte es sehr lange. Es schien, als ob ich da dreißig Minuten gewartet hätte. Ich dachte schon, der Mann sei weitergegangen. Aber als ich mich nach ihm umsehen wollte, sah er mich durch das Fenster an. Ich lud ihn also ein, mitzufahren, und ich ließ keine Zeit verstreichen, ihm ein Traktat in die Hand zu drücken. Er las es aufmerksam durch und gab es mir zurück.

Ich fragte: ›Was halten Sie davon?‹ – ›Ich finde es wunderbar‹, antwortete er. Ich war über seine Antwort sehr erstaunt und sagte: ›Dann sind Sie also ein Christ?‹

›Nein, ich bin kein Christ. Seit zwei Wochen bin ich jeden Abend hier in der Nähe in Zeltveranstaltungen gegangen, aber ich kann nicht durchdringen. Ich bin jeden Abend nach vorne gegangen, aber irgendwie gelingt es mir nicht, durchzudringen.‹

Ich fragte: ›Durchdringen, durch was denn?‹

Er antwortete: ›Muß man denn nicht einen besonderen Durchbruch erleben?‹

Ich fuhr an den Straßenrand, hielt dort an und wandte mich ihm zu: ›Mein Freund, ich habe eine gute Nachricht für Sie. Jemand ist schon für Sie durchgedrungen.‹ – Alles, was er brauchte, war das einfache Evangelium, anstatt gesagt zu bekommen, er solle etwas tun. Jetzt nahm er Jesus Christus als seinen Heiland an.

Wissen Sie, was ich getan hatte? Ich hatte mit Gott gespielt. Ich hatte diesen rauhen Kerl gesehen und gedacht: ›Dieser Mann wird sich nicht bekehren. Er wird nicht glauben.‹ Das war aber nicht meine Aufgabe. Ich habe kein Recht, für einen anderen Menschen im voraus zu entscheiden, ob dieser den Herrn annehmen wird oder nicht. Meine Aufgabe ist es, ihm das Evangelium zu erzählen, und dann muß dieser Mensch sich selbst entscheiden.«

Eines von Dawsons Problemen bestand darin, *wie* er dieses Evangelium erzählen könnte. Er war so von ihm begeistert, daß sein Temperament oft mit ihm durchging. So versuchte er, seinen Vater zu Christus zu führen, aber statt dessen machte er ihn so wütend, daß er sagte: »Hör mal, Daws, ich akzeptiere, daß du dies alles für dich selbst glaubst, aber rede nicht mehr mit mir darüber. Wenn ich wieder einmal mit dir über den Glauben sprechen möchte, werde ich mich schon melden.«

Daws wartete 23 Jahre, bis er wieder mit seinem Vater über geistliche Dinge sprach. Sein Vater fand schließlich mit 77 Jahren zum Herrn.

»Ich hätte meinen Vater vielleicht schon früher für Christus gewinnen können«, überlegte Daws, »aber ich ging ihm auf die Nerven, und das hat ihn abgeschreckt. Er erzählte mir, daß ihn die Veränderung im Leben der Marinesoldaten und in meinem eigenen Leben veranlaßt habe, dann doch zu Gott zu kommen. Ich wartete darauf, ihm die Gute Nachricht zu erzählen, und er wartete darauf, daß ich sie ihm erzählte. Er hatte ganz vergessen, daß er mir einmal gesagt hatte: ›Wenn ich wieder mit dir darüber sprechen möchte, werde ich mich schon melden.‹«

Sofort nachdem Dawson sich bekehrt hatte, stürzte er sich in die Jugendarbeit seiner Kirchengemeinde in Lomita. Er wurde ein brennender Zeuge für Christus. Wenn er nach den Treffen der Jugendgruppe einige der jungen Leute nach Hause fuhr, sprach er oft persönlich mit ihnen über ihre Beziehung zu Christus.

»Bist du ein Christ?« fragte er ein 13jähriges Mädchen nach einem Treffen an einem Sonntagabend.

»Ich bin mein ganzes Leben lang zur Kirche gegangen«, war ihre selbstsichere Antwort.

»Ich habe nicht gefragt: ›Bist du ein Kirchgänger?‹ sondern ›Bist du ein Christ?‹«

»Ich bin getauft worden«, war ihre diesmal etwas unsichere Antwort.

Dawson ließ nicht locker: »Aber bist du ein Christ?«

Er erklärte ihr, um was es im Evangelium geht und wie sie Jesus Christus als persönlichen Herrn aufnehmen und ewiges Leben haben konnte. Lila Clayton erzählte ihm später, daß sie sich um 2 Uhr morgens, als sie immer noch wach lag und über diese Sache nachdachte, neben ihr Bett kniete und Jesus Christus bat, in ihr Herz zu kommen.

Obwohl sie noch so jung war, wurde ihr ganzes Leben umgewandelt. Sie nahm die Herausforderung an, Bibelverse auswendig zu lernen und ein tägliches Gebetsleben in Gemeinschaft mit ihrem Herrn zu haben. Sie reagierte bereitwillig auf die persönliche Disziplin, die Dawson selbst in seinem christlichen Leben praktizierte und andere lehrte.

Als sie mit 18 Jahren Dawsons Ehefrau wurde, wurde durch ihre Hingabe an den Herrn aus ihr eine passende Partnerin für ihren Mann. Für sie beide standen der Herr und die Arbeit für ihn an erster Stelle, und sie hatten sich freiwillig dazu entschlossen, den Partner an die zweite Stelle zu setzen.

Daws glaubte, daß ein Christ immer versuchen müsse, seine Nachbarn, Freunde und Verwandten für den Glauben zu erreichen. Er hatte das seltene Vorrecht, seine eigene zukünftige Frau zum Herrn zu führen.

Graham Tinning erzählte, wie er Dawsons evangelistischen Eifer erlebte: »Überall, wohin Daws ging, redete er über Christus und über die Erfahrungen, die er als Christ machte. Er war von einem extremen Unglauben zu einem sehr draufgängerischen Glauben übergewechselt. Selbst in den Tagen, als Daws noch kein Christ war, war er in jeder Gruppe eine dominierende Persönlichkeit. Er benutzte zwar nicht immer das korrekteste Englisch, aber jeder wußte, was Dawson dachte und warum.«

Keine Entschuldigungen

Dawson hatte nicht sehr viel Geduld mit solchen Menschen, die immer irgendwelche Entschuldigungen dafür vorbrachten, nichts von der Güte ihres Herrn zu erzählen:

»Es gibt immer wieder Menschen, die sich dafür entschuldigen, daß sie nicht über Christus reden. Sie sagen dann vielleicht, sie hätten nicht die Kraft dazu, sie seien nicht intelligent oder begabt genug dafür. Aber Gott möchte ja gar nicht, daß Christen irgend etwas in ihrer eigenen schwachen Art tun. ›Ich kann alles durch den, der mich mächtig macht, Christus.‹

Ich bin vor kurzem aus England zurückgekommen, wo ich einige Zeit mit Stewart verbrachte, der sowohl blind als auch körperbehindert ist. Er fand den Herrn durch eine Evangelisation von Billy Graham. Wissen Sie, was er tut? Er fährt mit der U-Bahn, und wenn er sich hinsetzt, kommen gleich Leute, die ihm wegen seiner Behinderung helfen wollen. Dann gibt er ihnen eine Bibel und bittet: ›Könnten Sie mir bitte das 3. Kapitel aus dem Johannesevangelium vorlesen?‹ Oder er zieht seine Verskärtchen heraus und fragt: ›Können Sie diese Bibelverse mit mir wiederholen?‹ Gott kann sogar die Behinderungen eines Menschen benutzen, der sich ihm ganz ausliefert.

Geraten Sie nicht in Panik. Versuchen Sie nicht, etwas Besonderes darzustellen oder zu sein. Tun Sie nichts, um etwas für sich zu bekommen. Überlassen Sie das getrost dem Herrn – er wird es tun. Versuchen Sie anderen nicht zu schmeicheln. Tun Sie nichts, um für sich einen Vorteil herauszuarbeiten. Überlassen Sie es dem Herrn, den Erfolg zu geben. Warum? Der ewige Gott läßt sich durch unsere Fehler, unsere Sünden oder Irrtümer nicht erschüttern. Er läßt sich von seinem eingeschlagenen Weg nicht durch irgendeinen Mangel an Material oder Geld abbringen. Er wacht Tag und Nacht über Sie – Ihre Zukunft liegt ihm am Herzen.«

Daws war ein Perfektionist, und er forderte Gründlichkeit von denen, mit denen er arbeitete und die für ihn arbeiteten. Dieser Wesenszug war auch in seiner eigenen Arbeit zu sehen. Schlampigkeit duldete er nicht.

Daws ging besonders hart mit jungen Menschen um, die als Missionare ins Ausland gehen wollten, aber noch nicht einmal zu Hause richtige Zeugen Jesu waren. Er entdeckte, daß die meisten von ihnen die eine Bedingung vernachlässigten, die Christus als notwendig für Menschenfischer angesehen hatte: »Folgt mir nach.«

Als Mitglied einer Prüfungskommission verbrachte er zum Beispiel einmal fünf Tage damit, Missionskandidaten, die sich für die Äußere Mission vorbereiteten, zu befragen. Für jeden der Männer und Frauen, die gerade ihre Ausbildung an Universitäten, Bibelschulen oder

Theologischen Akademien abgeschlossen hatten, nahm er sich eine halbe Stunde Zeit. Er stellte ihnen in der Hauptsache zwei Fragen über ihre tägliche Gemeinschaft mit dem Herrn und ob sich in ihrem Dienst schon bleibende Frucht gezeigt habe.

Auf die erste Frage: »Wie steht es um Ihre tägliche Gemeinschaft mit dem Herrn?« antwortete nur einer der 29 befragten Personen, seine Gemeinschaft mit dem Herrn sei so, wie sie sein sollte.

Als Daws die anderen fragte, warum ihre Stille Zeit nicht in Ordnung sei, glichen sich die Antworten auf erstaunliche Weise: »Wissen Sie, ich bin hier in diesem Sommerspezialkurs. Wir haben ein konzentriertes Programm. Wir müssen die Arbeit eines Jahres in nur zehn Wochen erledigen. Der Zeitdruck ist einfach zu groß.« Dann sagte Daws meist: »Dann lassen Sie uns zu der Zeit zurückgehen, als Sie noch im College waren. Hatten Sie damals Sieg in Ihrer Gemeinschaft mit dem Herrn?« Er ging weiter in die Vergangenheit dieser Männer und Frauen zurück, die sich auf einen lebenslangen Dienst für Gott vorbereiteten, und stellte fest, daß sie, seit sie zu Jesus gekommen waren, nie eine Zeit erlebt hatten, wo sie wirklich konsequent täglich eine Stille Zeit mit dem Herrn hatten.

»Dies«, so Dawson, »ist einer der Gründe für geistliche Unfruchtbarkeit – Mangel an Gemeinschaft mit dem lebendigen Gott.«

Die andere Frage, die er ihnen stellte, lautete: »Kennen Sie heute einen Menschen mit Namen, der durch Ihren Dienst für Christus gewonnen wurde und heute für ihn lebt?« Dawson entdeckte, daß die meisten zugeben mußten, daß sie bereit waren, einen Ozean zu überqueren, eine Fremdsprache zu lernen und in einer fremden

Kultur das zu versuchen, wozu sie in ihrer eigenen Kultur nicht in der Lage gewesen waren.

Dawson glaubte, daß nicht nur Missionare, sondern das *ganze* Volk Gottes Zeugen und geistliche Eltern sein sollten.

Sind Sie glücklich, wenn Sie einen Menschen zu Christus führen? Natürlich sind Sie das. Sie sind freudig erregt, und allen, die davon betroffen sind, geht es genauso – dem Neubekehrten selbst und den Engeln im Himmel. Aber geben Sie sich dann damit zufrieden? Natürlich nicht. Jesus gab uns den Befehl, mehr zu tun, als nur Menschen zur Umkehr zu Gott zu helfen. Sein Wille ist, daß wir sie zu Jüngern heranbilden. Sie müssen also sehr eng mit dem Menschen in Verbindung bleiben, den Sie zu Christus geführt haben, und ihm helfen, im Glauben zu wachsen, bis er seinen Platz unter denen einnehmen kann, die mit Kraft und Wirksamkeit die Sache des Herrn voranbringen können. Wenn dies geschieht, dann kann man diesen Menschen als einen reifen, hingegebenen und fruchtbaren Nachfolger Jesu Christi ansehen.

Leroy Eims

8. KAPITEL:

Vorkämpfer der christlichen Nacharbeit

Les Spencer war ein junger Matrose in San Pedro an Bord des amerikanischen Kriegsschiffs »West Virginia«. Mit diesem Mann begann Dawson seinen lebenslangen Feldzug als Heranbilder von Jüngern. Spencer erzählte später von seiner ersten Begegnung mit Daws:

»Es war im April 1933, und ich war gerade erst auf dieses Schiff gekommen. Daws schickte mir ein Funktelegramm, das aber einem anderen Matrosen mit demselben Familiennamen übergeben wurde. Ich wusch gerade Geschirr ab, als dieser Mann mir das Telegramm brachte.

Ich nahm es mit meinen nassen Händen, öffnete es und las, was darin stand: ›Treffe mich bitte um 16 Uhr am San Pedro-Dock. Ich trage einen schwarzen Mantel, leichte Hosen und bräunliche Schuhe. Dawson Trotman.‹

Ich war sehr verwundert und auch ein wenig mißtrauisch, denn ich kannte niemanden mit diesem Namen. Ich überlegte, daß dies vielleicht irgendein abgekartetes Spiel sein müsse, um einem Matrosen sein Geld abzunehmen. Deshalb faltete ich das Telegramm schnell zusammen und tat es in meine Jackentasche. Aber der Gedanke ließ mich den ganzen Nachmittag nicht los: Woher kannte dieser Mann mich? Woher hatte er meinen Namen? Woher wußte er, daß ich auf der »West Virginia« war? Die Neugierde übermannte mich; deshalb bat ich einen Freund von mir, für mich das Abendessen zu servieren, besorgte mir einen Paß und fuhr an den Strand. Ich hatte bewußt all mein Geld auf dem Schiff gelassen, außer den paar Groschen, die ich später am Abend für das Wassertaxi brauchte, das mich wieder auf das Schiff bringen würde.

Ich kam etwas früher als 16 Uhr am Dock an und sah mich nach einem Mann um, auf den die Beschreibung des Telegramms zutreffen würde. Plötzlich bemerkte ich, wie aus einer Gruppe von Matrosen ein Mann herauskam, der sehr schnell ging und einen dunklen Mantel, leichte Hosen und bräunliche Schuhe trug. Er streckte mir eine knochige Hand entgegen. Ein großes Lächeln ging über sein Gesicht, und ich wurde von dem Mann herzlich begrüßt, den Gott dazu bestimmt hatte, eine wichtige Rolle in meinem Leben zu spielen.«

Dawson nahm Les mit sich nach Hause, wo Lila ihre berühmten gegrillten Hähnchen gemacht hatte. Dann fuhren sie in die Palos-Verdes-Berge, parkten ihr Auto und unterhielten sich über Gott und geistliche Dinge. Ein Wachposten kam vorbei, sah den Matrosen, den Zivilisten und die Bibel und fragte: »Was macht ihr Männer da?« Er hatte die Aufgabe, ein nahe gelegenes Schulgebäude zu bewachen. Er hatte also Zeit, und ungefähr eine Stunde lang beantwortete Daws seine Fragen über die Bibel und erklärte ihm das Evangelium.

Auf dem Heimweg sagte Les: »Weißt du, Daws, ich würde meinen rechten Arm dafür geben, wenn ich tun könnte, was du heute abend getan hast.«

Daws sagte: »O nein, das würdest du nicht.«

»Würde ich doch«, antwortete Les.

Daws bedrängte ihn noch ein bißchen, um zu sehen, ob der Matrose es wirklich ernst meinte: »Nein, das würdest du nie tun, Les.«

»Ich habe doch gesagt, ich würde es tun!«

Auf diesen entschlossenen Tonfall hatte Dawson gewartet. »Okay, es wird dich nicht deinen rechten Arm kosten, aber es wird dich dein eigenes Leben kosten.« In den folgenden drei Monaten verbrachte Dawson mehrere Stunden in der Woche mit Les. Er unterhielt sich mit Les über die Schrift und über seine eigenen Erfahrungen, die er mit dem Studium der Schrift, mit dem Evangelisieren und der Nacharbeit gesammelt hatte.

Am Ende dieser drei Monate brachte Les Gurney Harris zu Dawson nach Hause und sagte: »Gib diesem Mann, was du mir gegeben hast. Er kann es vertragen.«

Dawson sah ihm in die Augen und sagte: »Nein, das werde ich nicht.«

Les war schockiert und sagte: »Ich dachte, du wolltest, daß ich jemanden vorbei bringe, der daran interessiert ist, in seinem christlichen Leben Fortschritte zu machen.«

Daws antwortete: »Das habe ich auch gesagt; aber *du* wirst derjenige sein, der diesem Mann das beibringen wird, was ich dir beigebracht habe.«

Les antwortete: »Aber, Daws, ich bin nie auf einer Bibelschule gewesen, und außerdem weiß ich nicht, wie man das macht. Ich kann das nicht.«

»Wenn du Gurney nicht zeigen kannst, was ich dir gezeigt habe«, sagte Daws zu Les, »dann habe ich versagt!« Les nahm die Herausforderung an. Weil er ein Mann war, der es wirklich ernst meinte, machte er sich sofort an die Arbeit, Harris das zu lehren, was er von Trotman gelernt hatte. Manchmal half ihm Daws, wenn es Probleme gab.

»Wenn du es nicht tun kannst, habe ich versagt.« In den darauffolgenden Jahren forderte Dawson seine Mitarbeiter oft mit diesen Worten heraus: »Ihr werdet nicht eure Babys vor meiner Tür abladen.« Hiermit versuchte er seinen geistlichen Kindern ihre Verantwortung, die sie als »Eltern« eigener geistlicher Kinder hatten, klarzumachen.

Jünger gewinnen

Daws' Engagement für Nacharbeit und Jüngerschaft wuchs im Verlauf vieler Jahre, die er damit verbrachte, zu versuchen, andere zu Christus zu führen. Seine Methoden kamen aus seiner Erfahrung:

»Obwohl ich seit 1926 Christ bin, erkannte ich erst um 1940, daß meine Männer immer das, was ich tat, nachahmten, egal wieviel ich darüber redete.

Ich begann zu sehen, daß die Menschen, mit denen ich zusammenarbeitete, auch ihre geistlichen Kinder zum Herrn führen, ihnen dann nachgehen und sich mit ihnen in das Wort Gottes vertiefen mußten – genauso wie ich auch mit ihnen ins Wort gegangen war. Nur so geschieht geistliche Vermehrung!

Sie durchliefen das Stadium, das ich vor einigen Jahren durchlaufen hatte. Ich hatte nicht genügend Zeit mit ihnen verbracht und hatte nicht genügend geistliche Weisheit und Voraussicht gehabt, um zu erkennen, daß ich viel Zeit mit ihnen verbringen mußte. Ich mußte ihnen deutlich zeigen, daß sie eine Verantwortung für ihre geistlichen Kinder hatten. Weil ich dies nicht mit meinen Worten und meinem Leben predigte, handelten die Menschen, mit denen ich zusammenarbeitete, auch nicht so.«

Diese Erkenntnis wurde Daws mit erstaunlicher Kraft und Klarheit bewußt. Er erkannte, daß es seine eigene große Not war, selbst seinen geistlichen Kindern nachzugehen. Dies galt auch für seine Mitarbeiter; und dann erkannte er, daß *dies auch die große Not der Gemeinde war.* So wurde es sein Hauptanliegen, geistliche Frucht zu bewahren und für die Nacharbeit an neugeborenen Christen zu sorgen. In dem Maße, wie er erkannte, daß Nacharbeit das schwache Glied in der »Kette« des christlichen Dienstes war, stärkte er dieses Glied.

Als Dawson Mitte der 50er Jahre in einem Seminar an der Westküste sprach, machte er den jungen Menschen folgenden Punkt ganz deutlich: »Werfen wir eine Kette weg, weil an ihr einige Glieder fehlen? Natürlich nicht! Wir werden versuchen, die fehlenden Glieder zu ersetzen, denn sie sind so wichtig. Und eine Kette ist so stark wie ihr schwächstes Glied.

Die Nacharbeit an jungen Christen ist heute eines der schwächsten Glieder in der Gemeinde, in Bibelschulen und theologischen Seminaren. Ich will damit nicht sagen, daß sie gar nichts über Nacharbeit lehren. Eigentlich versuchen sie sogar, die Nacharbeit zu fördern. Aber wir glauben dennoch, daß es einen Punkt gibt, der wirklich sehr schwach ausgeprägt ist, und das ist die persönliche Betreuung *von Mensch zu Mensch.*«

Im Verlauf der Jahre wurde Daws als Vorkämpfer der Nacharbeit immer bekannter. Mit dieser Ausrichtung, echte Jünger Jesu zu schulen, war er seiner Zeit ungefähr zwanzig Jahre voraus.

In dieser ersten Zeit wurde er oft mißverstanden oder kritisiert. Das verletzte ihn, aber er glaubte, es sei seine Pflicht, diese vernachlässigte Nacharbeit besonders zu betonen. Deshalb spielte er immer wieder diese eine Saite des Instruments – *daß man seinen geistlichen Kindern ganz persönlich nachgehen* und sie dann auch lehren solle, dasselbe mit ihren geistlichen Kindern zu tun.

Wie kam dieser Mann, der keine spezielle theologische Ausbildung hatte, dazu, ein geistlicher Hirte zu werden? Daws erzählte den Teilnehmern an einem Seminar, wie er sich ganz persönlich auf dieses neue Gebiet vorgewagt hatte:

»Ich hatte Sonntag um Sonntag die Predigten der Pastoren gehört, daß man eine Verantwortung für die Seelen der Verlorenen bekommen sollte. Ich hatte Bücher darüber gelesen. Männer und Frauen, die in der christlichen Leitung stehen und die ich sehr schätze, waren ›Seelengewinner‹. Deshalb fing ich damit an, dafür zu beten, eine Aufgabe für die verlorenen Menschen zu bekommen. Innerhalb von zwei Wochen durfte ich den ersten Menschen zum Glauben führen. Gott allein weiß, ob er sich zu mir oder wirklich zum Herrn bekehrt hat. Es war ein junger Mexikaner, der trampte. Ich nahm ihn in meinem Wagen mit, der zu dieser Zeit nur auf vier Zylindern lief und schrecklich schnell heiß wurde. Ich fuhr für diesen Jungen extra einen größeren Umweg zu einem Ort, wo er angeblich zu Hause war. Ich predigte ihm das Wort. Er glaubte und sagte, daß Jesus Christus jetzt sein Erlöser sei. Als ich ihn absetzen wollte, sagte Juan: ›Herr Trotman, ich möchte mit Ihnen wieder zurückfahren.‹

›Warum?‹ fragte ich. ›Ich bin extra diesen Umweg gefahren, um Sie nach Hause zu bringen.‹

Juan sagte zu mir: ›Dies ist das Haus meines Bruders, und ich wollte heute abend hierher kommen, um ihn auszurauben. Er und seine Familie sind verreist. Aber jetzt möchte ich wieder zu mir nach Hause.‹

Es war mir nie in den Sinn gekommen, daß ich für Juan eine Verantwortung hatte. Das war vor 22 Jahren. Denken Sie nur einmal, was hätte geschehen können, wenn ich Juan das mitgeteilt hätte, was ich heute weiß.

Wenn ich mit ihm zusammengeblieben wäre und ihm in den Wochen und Monaten nach dieser Autofahrt wirklich im Glauben weitergeholfen hätte? Juan wäre vielleicht heute ein Missionar für sein Land. Ich aber habe ihn nie angerufen oder versucht, wieder mit ihm in Kontakt zu kommen. In meinen Augen ist dies eine schlimme Sache – wir schauen heute oft nur darauf, daß Menschen Entscheidungen für Christus treffen, daß wir Neubekehrte, Namen und Zahlen haben. Das ist wirklich eine schlimme Tragödie. Das wußte ich damals noch nicht.

In dieser Zeit gab es viele echte Bekehrungen, aber man betonte nicht das geistliche Wachstum. Ich erinnere mich, wie ich 1939 mit George zusammenkam. Einmal sagte ich ihm: ›George, warum wachsen einige deiner geistlichen Kinder nicht? Zeige mir die Liste der Menschen auf deinem Schiff, mit denen du arbeitest.‹ Er nahm ein kleines Notizbuch heraus, und ich sagte: ›Sag mir bitte, was mit diesem hier ist‹, als ich den Namen eines Jungen auf einer Seite sah.

›Tja, Daws, als er den Herrn annahm, war ich ziemlich sicher, daß er wirklich zum Glauben durchgedrungen wäre. Er hatte sogar Tränen in den Augen. Aber er kommt jetzt eigentlich gar nicht mehr – er geht mir auf dem Schiff jetzt aus dem Weg.‹

›Gut, George, aber wie verhält es sich mit diesem hier?‹

›Ich glaube, daß es bei ihm genauso ist – ein netter Kerl, aber ich sehe ihn nie.‹

Wir gingen die ganze Liste durch – es waren neun Leute. Keiner von ihnen lebte jetzt noch im lebendigen Glauben. Lag das an Georges Leben? Auf keinen Fall; George führte ein sehr gefestigtes Leben als Christ. Lag es daran, daß George die Bibel nicht kannte? George las sehr konsequent in der Heiligen Schrift. Woran lag es dann? George hatte so viel damit zu tun, den nächsten Menschen für Christus zu gewinnen (er verbrachte jede freie Minute damit, in der Bibel zu lesen oder sich darauf vorzubereiten, die nächsten christlichen Treffen zu besuchen), daß er *einfach keine Zeit hatte*, diesem Baby im Glauben in den ersten schweren Tagen nach seiner Entscheidung zu helfen, in Christus zu wachsen.

Phil 1, 6 gehört in einen ›Nacharbeitsbrief‹ an eine kleine Gruppe von Gläubigen in Philippi. Paulus ging ihnen durch persönliche Besuche nach, durch viel Fürbitte und dadurch, daß er dafür sorgte, daß einige seiner gottesfürchtigen Freunde nach Philippi gingen, um die Gemeinde durch einen Besuch zu betreuen.

Paulus betreute seine Gemeinden durch lange und wertvolle Briefe. Er hatte kein Telefon, keine Druckerpresse, keine Schreibmaschine, keine modernen Verkehrsverbindungen, aber er erledigte seine Arbeit trotzdem. Wenn Sie die Bibel sorgfältig lesen, werden Sie sehen, wie seine Bekehrten ihm Tag und Nacht am Herzen lagen. Er sorgte sich *täglich* um sie.«

Die Lehre des Neuen Testaments über die Nacharbeit

Die Beschäftigung mit den Nacharbeitsmethoden an Paulus' Neubekehrten löste bei Dawson ein immer größeres Engagement für die Nacharbeit aus. Er setzte immer mehr Zeit und Kraft dafür ein, den Neubekehrten zu helfen. Er erinnerte seine geistlichen Kinder oft: »Wirkungen gehorchen ihren Ursachen durch unwiderstehliche Gesetze. Wenn ihr Gottes Wort in einen Menschen sät, werdet ihr auch positive Ergebnisse ernten.

Nicht jedes Herz wird das Wort Gottes aufnehmen, aber einige werden es tun, und dann findet eine Neugeburt statt. Wenn eine Seele wiedergeboren wird, solltet ihr dieser Seele die Pflege geben, die auch Paulus den Neubekehrten gab. Paulus glaubte an den Wert der Nacharbeit. Er war ein Evangelist, der sehr viel zu tun hatte, aber er nahm sich die Zeit, den Neubekehrten persönlich nachzugehen. Das Neue Testament besteht zum größten Teil aus Briefen des Apostels Paulus, die Nacharbeitsbriefe an junge Christen waren.«

Dawson studierte besonders den 1. Thessalonicherbrief. Er machte neben jeden Vers, in dem das Thema Nacharbeit behandelt wurde, besondere Anmerkungen. Er fand sehr viele Verse, was zeigt, wie sehr Paulus die Pflege der jungen Christen am Herzen lag.

»Ich machte alleine in diesem kleinen Brief 24 Anmerkungen. Das zeigt, daß Paulus mindestens 24mal seine Verantwortung sieht, dieser jungen Gemeinde in Thessalonich persönlich nachzugehen. Warum hatte ich diese Wahrheit nicht früher erkannt?«

Dawson folgte dem Beispiel der Christen aus Beröa aus Apg 17, 11, die »das Wort bereitwillig aufnahmen und *täglich in der Schrift forschten*«. Er begann damit, regelmäßig in der Bibel zu diesem Thema der Nacharbeit zu forschen. Er spornte auch alle seine Mitarbeiter dazu an. Sie wählten das Leben Jesu aus, wie es in den vier Evangelien berichtet wird, und nahmen sich viel Zeit, es zu untersuchen. Wie schulte Jesus seine Jünger? Was war ihm in diesen drei Jahren seines Dienstes auf der Erde wichtig? Sie konzentrierten sich auf Bibelstellen wie Mk 3,13+14: »Und er (Jesus) ging auf einen Berg und rief zu sich, welche er wollte, und die gingen hin zu ihm. Und er setzte zwölf ein, *daß sie bei ihm sein sollten* und daß er sie aussendete, zu predigen.« Welche Prinzipien steckten in den Worten »*bei ihm*«?

Sie verbrachten einige Wochen damit, in der Apostelgeschichte zu studieren. Dawson erkannte, daß sowohl das Lukasevangelium als auch die Apostelgeschichte geschrieben wurden, weil der Arzt Lukas wollte, daß Theophilus, *einer seiner Freunde,* die ganze Geschichte richtig verstehen sollte. Es wurde deutlich, daß dann, wenn *ein Mann* ein echter Jünger Jesu wird, auch ein anderer ein Jünger werden kann und dann wieder andere, und dann Hunderte und Tausende – aber es muß mit einem beginnen.

Diese Art der persönlichen Betreuung ist so wichtig, weil die Entscheidung für Christus, die Geburt eines Christen, nur der Anfang ist. Daws drückte diese Tatsache oft so aus: »Eine Entscheidung treffen ist nur 10 Prozent, weiter kontinuierlich als Christ leben sind die restlichen 90 Prozent.« Dawson glaubte, daß dieses Wachstum im Glauben durch Menschen und nicht durch Bücher oder sonstiges Material geschieht:

»Liegt die Antwort darin, das richtige Material an die zu verteilen, die zu Christus gekommen sind? Nein, die Erfahrungen von erfolgreichen Nacharbeitsprogrammen, sowohl zur Zeit des Neuen Testaments als auch heute, haben deutlich gezeigt, daß diese Betreuung der jungen Christen von *jemandem* und nicht von *etwas* getan werden muß. Paulus schrieb an die Römer: ›Denn mich verlangt danach, euch zu sehen, damit ich euch etwas mitteile an geistlicher Gabe, um euch zu stärken‹ (Röm 1,11).

Nach seiner ausgiebigen Missionsreise durch Asien lag es Paulus sehr am Herzen, sich um die jungen Christen zu kümmern: ›Nach einigen Tagen sprach Paulus zu Barnabas: Laß uns wieder aufbrechen und nach unseren Brüdern sehen in allen Städten, in denen wir das Wort des Herrn verkündigt haben, wie es um sie steht‹ (Apg 15,36). Obwohl Paulus ihnen geschrieben hatte, hielt er es für nötig, daß er *persönlich Zeit mit ihnen verbrachte*, wenn in ihrem Leben wirkliches Wachstum sichtbar werden sollte.«

Diese Art der Schulung von Jüngern braucht Zeit, Kraft und Geld. Um diesen Punkt zu verdeutlichen, erinnerte Daws seine Zuhörer oft daran, daß es neun Monate braucht, um ein Baby auf die Welt zu bringen, aber 16 bis 20 Jahre, um dieses Kind großzuziehen und es auf das Leben als Erwachsener vorzubereiten. Der Apostel Paulus nahm sich die Zeit, seine geistlichen Kinder zu nähren, zu pflegen und sie zur geistlichen Reife zu führen.

Insbesondere in Apg 9ff. entdeckte Dawson die Stellen, die zeigen, wieviel Zeit Paulus für die Nacharbeit verwendet: »einige Tage – viele Tage – ein ganzes Jahr – eine lange Zeit – drei Sabbattage – ein Jahr und sechs Monate – eine Zeitlang – drei Monate – zwei Jahre.« Abschließend nannte Daws meist Apg 21,10: »Und als wir mehrere Tage dablieben.«

Daws' großes Herz für die Evangelisation war der Auslöser für seine besondere Betonung der Nacharbeit: »Du kannst einen Menschen innerhalb von zwanzig Minuten oder einigen Stunden zu Christus führen. Aber es braucht zwischen zwanzig Wochen bis zu einigen Jahren, um diesen jungen Christen auf den Weg geistlicher Reife zu führen. Wenn du einen jungen Christen betreust, hast du deinen Dienst verdoppelt. Dies ist der Grund, warum ich so sehr davon überzeugt bin, daß eine wirksame Nacharbeit mit einer effektiven Evangelisationsarbeit beginnt. Dazu gehört auch, daß man für gute Bedingungen für eine gesunde geistliche Geburt sorgen muß, sowie für gut verdauliche geistliche Nahrung und für Schutz gegen geistliche Krankheiten. Man muß schulen und ermahnen, ermutigen und herausfordern, belehren und selbst ein Vorbild sein. Alle diese Aktivitäten tragen dazu bei, folgendes Ziel zu erreichen, das Paulus so formuliert hat: ›Natürlich verkündigen wir Christus! Wir ermahnen und unterrichten jeden Menschen, den wir treffen. Wir erzählen alles, was wir über ihn wissen, damit wir jeden Menschen zur vollen Reife in Christus führen. Das ist das Ziel meiner Arbeit, dafür kämpfe ich und mühe ich mich ab. Gott schenkt mir die Kraft, die ich dafür brauche‹ (Kol 1,28+29 – Phillips-Übersetzung).«

Daws machte ständig Experimente mit dem »Wie« geistlicher Elternschaft. Eine sehr wichtige Voraussetzung, über die er oft predigte, war ihm dabei ein starkes persönliches Engagement:

»Lassen Sie mich einige Gedanken über das Prinzip der Nacharbeit ausführen. Eine Sache ist ganz sicher – Sie müssen für diese Menschen eine Zeitlang sorgen und sie pflegen. Aber ich weiß folgendes: Wir haben herausgefunden, daß man einem jungen Christen volle sechs Monate beständiger, liebevoller Pflege geben muß.

Der Hauptkontakt findet einmal in der Woche oder doch mindestens einmal alle zwei Wochen statt. Wir müssen in den Neubekehrten eine solide Grundlage schaffen, müssen Bibelverse in ihre Herzen legen, damit sie für viele Probleme des Lebens eine neue Sicht und einen neuen Standpunkt bekommen. Wir müssen ihnen zeigen, wie sie sich Zeit nehmen können, um wirklich eine regelmäßige Stille Zeit mit dem Herrn zu haben, damit Gott zu ihnen reden kann, und sie dann auch als

Antwort darauf ihre Herzen wirklich vor ihm ausschütten können.

Wie Sie wissen, investierte Jesus in seine Jünger drei Jahre. Wir müssen uns sehr anstrengen, wenn wir es in sechs Monaten schaffen wollen, einen Menschen zu irgendeinem guten Werk anzuspornen. Manchmal braucht es zwei oder drei Jahre, bevor ein Baby in Christus stark genug ist, damit man ihm Verantwortung übertragen kann. Wir glauben, daß Nacharbeit sich lohnt, aber wir müssen ihr eben genügend Zeit widmen.

In diesem Augenblick, wo ich zu Ihnen spreche, bin ich mir über folgendes im klaren: Wenn der Wert der Nacharbeit Ihnen nicht im Blut liegt, wird es sehr lange dauern, bis er in Ihnen wächst. Sie können hier aus der Tür gehen und sagen: ›Daws, du hast recht und ich bin ganz deiner Meinung!‹, aber das beweist noch gar nichts. Das wird keine Ergebnisse in Ihrem Leben hervorbringen. Sie müssen diese Dinge, über die wir hier gesprochen haben, wirklich mit ganzem Herzen wollen, damit sie ein Bestandteil jeder Faser Ihres Denkens und Ihres ganzen Wesens werden!

Sie sind vielleicht nicht in der Lage, so viele Menschen zu retten wie die großen Evangelisten oder jene, die besondere Geistesgaben für die Evangelisation haben, aber Sie – ja, Sie! – können Nacharbeit machen. Gott hat nicht viele begabte, talentierte oder besonders intelligente Menschen berufen. Gott hat in der Hauptsache Menschen berufen, die wir in der christlichen Gemeinde normalerweise am Rande stehen lassen, weil wir uns nicht genügend um sie kümmern.«

Einige der »professionellen« Evangelisten waren über Daws' Gedanken über die Nacharbeit beunruhigt. Daws dagegen war über *ihre* Prioritäten besorgt: »Warum geben heute Organisationen jährlich Zehntausende von Dollars aus, um Hallen zu mieten, großartige Redner zu verpflichten, sich um besondere Musik zu bemühen und ein besonderes Evangelisationsbüro einzurichten? Dann bemühen sie sich noch um einen großartigen ›Conferencier‹. Eine phantastische Musik wird geboten, eine besonders solide Botschaft aus der Bibel vorgetragen. Schließlich rufen sie die Menschen nach vorne, und es entscheiden sich wirklich viele Menschen für Christus. Und dann? Einige Worte der Ermutigung, ein kurzes Gebet, wo der Neubekehrte sein Leben Christus übergibt – und dann werden einige Hände geschüttelt und schnell ›Gute Nacht und Gott segne Sie‹ gesagt. Wie können sich Männer und Frauen, die ihre Bibel kennen, so verhalten?«

Jack Wyrtzen, der Gründer der Organisation ›Word of Life‹ (Wort des Lebens), die ihren amerikanischen Sitz in New York hat, erzählte, wie Daws ihm half, dieses Problem in seinem Dienst als Evangelist zu überwinden:

»Am 1. April 1944 hatten wir unsere erste Großevangelisation im Madison Square Garden. Es waren 20000 Menschen gekommen und mindestens 10000 standen noch auf der Straße und wollten herein. Wir waren wirklich sehr gefragt, und wenn ich zurückblicke, kann ich sagen, daß wir sehr stolz darüber waren, daß fast 1000 Besucher eine Entscheidung für Christus fällten. Daws besuchte uns kurze Zeit später in unseren Büros. Er freute sich sehr darüber, daß Christus gepredigt worden war und daß sich so viele Menschen für ihn entschieden hatten.

Aber dann fragte er mich: ›Wie stellst du dir die Nacharbeit vor?‹ Ich fragte ihn, was er damit meinte; wir hätten doch jedem ein Johannesevangelium in die Hand gedrückt, mit jedem ein Übergabegebet gesprochen und uns dann verabschiedet. Meines Wissens haben wir die Jungbekehrten damals noch nicht einmal gebeten, uns ihre Adressen zu hinterlassen. Daws verbrachte viel Zeit mit unserem Mitarbeiterstab und legte uns die Notwendigkeit der Nacharbeit sehr ans Herz.

Wir waren hiervon schließlich so überzeugt, daß wir ab 1948, als wir Großevangelisationen in Boston, New York und Philadelphia durchführten, diese riesige Aufgabe, Tausenden von jungbekehrten Christen persönlich nachzugehen, mit Begeisterung anpackten.

Auch auf Konferenzen der Navigatoren hämmerte Daws den Zuhörern ein, wie notwendig die Nacharbeit durch Ortsgemeinden ist. Er warnte seine Mitarbeiter vor den ernsten Folgen, wenn man junge Christen sich selbst überläßt, und diese dann alleine kämpfen müssen.

Auf einer solchen Konferenz sagte er: »Was Gott möchte, sind Männer und Frauen, die in sein Reich geboren werden und deren Wunsch es ist, in das Bild seines Sohnes umgewandelt zu werden und den Wohlgeruch seiner Erkenntnis an jedem Ort zu verbreiten. Du führst einen Menschen zu Christus. Du sagst ihm, daß er errettet ist. Dann läßt du ihn allein und läßt ihn in seinen früheren Lebensstil zurückgehen. Wann richtet er wohl den größten Schaden für Gott an: bevor oder nachdem er dich traf? Du kennst die Antwort genau. Prediger und Evangelisten kennen sie auch. Und trotzdem machen sie einfach weiter und gewinnen immer mehr Menschen, überlassen sie sich selbst und gewinnen weitere Menschen für Christus, und so fort. Ergibt das einen Sinn?

Was ist die großartigste Aufgabe auf der Welt? Männer und Frauen in die Gemeinschaft mit Christus zu führen und an den Ort, wo sie nach Gottes wunderbarem

Plan am besten eingesetzt werden können. Deine Ortsgemeinde ist der Mittelpunkt und die Schaltzentrale in dieser wunderbaren Aufgabe, aller Kreatur das Evangelium von Christus zu bringen und jeden Christen zu schulen, damit er ein Leben führt, das Gott verherrlicht.«

Dawson wußte nicht, für welche Aufgaben Gott ihn in den Nachkriegsjahren vorbereitete. Sehr oft fühlten sich seine Frau Lila und er wie »Rufer in der Wüste« – niemand wollte ihnen zuhören. Die meisten kirchlichen Leiter mochten ihn gern, auch wenn sie ihn manchmal ein wenig seltsam und zu unverblümt fanden. Und doch verstanden sie nicht richtig, was er sagen wollte. Aber keiner konnte die Früchte seines Dienstes leugnen. Er wurde zu Konferenzen eingeladen, um über das Thema Nacharbeit zu sprechen. Viele Bibelschulen überall in Amerika bemühten sich sehr darum, diesen dynamischen Redner dazu zu bewegen, bei ihnen einen Gottesdienst zu übernehmen.

Aber wenige nahmen das, was er predigte, wirklich ernst. Es mußte alles wie bisher weiterlaufen, das traditionelle Programm wurde abgespult, und das verschlang das ganze Geld und die ganze Kraft.

Berufung zur Mitarbeit bei Billy Graham

1950 wurde Daws von Billy Graham gebeten, ihm bei der Nacharbeit seiner Großevangelisationen zu helfen:

>»Daws, wir würden uns sehr über Deine Hilfe bei
>unserer Nacharbeit freuen. Ich habe das Wirken
>der großen Evangelisten und die großen Erwek-

kungen studiert und kann nicht feststellen, daß die Nacharbeit jemals ernst genommen wurde. Wir jedoch brauchen sie. Bei unseren Einsätzen kommen im Monat durchschnittlich 6000 Menschen nach vorn, um eine Entscheidung für Christus zu treffen. Ich habe den Eindruck, daß Du mit der Arbeit, die Du getan hast, zu uns kommen und uns helfen könntest.«

Diese Berufung hatte einen großen Einfluß auf die weltweite Arbeit der Navigatoren. Obwohl einige Mitarbeiter glaubten, daß diese Arbeit die Navigatoren zu sehr ablenken würde, hat sie in Daws den Vers verankert, den Gott ihm als Verheißung aus Jes 43,5.6 gegeben hatte: »Ich will vom Osten deine Kinder bringen und dich vom Westen her sammeln, ich will sagen zum Norden: Gib her! und zum Süden: Halte nicht zurück! Bring her meine Söhne von ferne und meine Töchter vom Ende der Erde.«

Zuerst protestierte Daws, daß er so wenig Erfahrung mit der Massenevangelisation habe; er habe doch immer nur mit Einzelnen und kleinen Gruppen gearbeitet.

»Schau, Daws«, antwortete Billy, »überall, wohin ich komme, treffe ich Navigatoren. Ich traf sie an der Fakultät von Wheaton. Ich treffe im ganzen Land frühere Matrosen, die wegen dir und deiner Mitarbeiter ganze Sache mit Gott gemacht haben. Da muß doch etwas dran sein.«

Daws glaubte immer noch, daß er ablehnen müsse: »Billy, ich wünschte wirklich, ich könnte es tun, aber ich habe einfach nicht die Zeit.« Aber Billy ließ nicht locker.

Daws war sich sehr wohl bewußt, daß die Nacharbeit bei den Großevangelisationen immer zu kurz kam. Eigentlich war das ja der Schwachpunkt der ganzen Gemeinde. Er spürte auch, daß dieser »Ruf nach Mazedonien«, »herüberzukommen und zu helfen«, nicht allein von Billy Graham, sondern von Gott selbst kam. Billy, der ganz offensichtlich von Gott mit besonderen Geistesgaben für die Evangelisation ausgerüstet worden war, ging in die größten Städte der Welt, um den Ortsgemeinden zu helfen, den Missionsbefehl auszuführen. Wie konnte Daws sich weigern, einen solchen evangelistischen Vorstoß zu unterstützen?

Später schrieb Daws einem Freund, wie er sich dann doch entschloß, Billy Grahams Angebot anzunehmen.

»Als Billy mich bat, die Nacharbeit bei seinen Evangelisationen zu organisieren, sagte ich zu ihm: ›Billy, du wirst dich nach jemand anderem umsehen müssen.‹ Das war an dem Tag, bevor ich nach Formosa fuhr.

Er packte mich bei den Schultern und sagte: ›Nach wem denn? Wer sieht denn die Nacharbeit als seine Hauptaufgabe an? Du bist der einzige, den ich kenne, der sich so sehr für die Nacharbeit einsetzt.‹

Ich versprach ihm: ›Wenn ich in Asien bin, werde ich darüber beten.‹ An einem Sandstrand auf Formosa ging ich zwei bis drei Stunden am Tag auf und ab und betete: ›Herr, wie kann ich das tun? Ich schaffe nicht einmal die Arbeit, die du mir zu tun gegeben hast. Wie kann ich Billy dann noch sechs Monate pro Jahr zur Verfügung stehen?‹ Aber Gott legte die zusätzliche Last auf mein Herz.«

Als sich Daws erst einmal entschlossen hatte, diese Aufgabe anzupacken, tat er dies in der ihm eigenen Art mit ganzem Herzen. Im großen und ganzen wurde er tatkräftig unterstützt, obwohl einige Navigatoren Einwände vorbrachten gegen das, was sie die »Theologie der Massenevangelisation« nannten. Folgendes Zitat aus einem Artikel, der in dem Monatsmagazin der Navigatoren »The Log« aus dem Jahre 1954 erschien, drückt Dawsons Gefühle in bezug auf seine Mitarbeit bei Billy Graham sehr gut aus:

»Wie beeindruckend ist es doch, zu sehen, wie Tausende von Menschen sich bei einer einzigen Veranstaltung in Nashville oder New Orleans für Christus entscheiden. Aber wieviel beeindruckender ist es, wenn man erkennt, daß jeder einzelne von ihnen ein sehr wertvoller Mensch ist. Jeder ist unserem wunderbaren Herrn wichtig.

Ich habe Billy oft sagen hören, daß Entscheidungen für Christus immer individuell getroffen werden, obwohl Massen zusammenkommen, um das Evangelium zu hören. ›So sehr liebte Gott die Welt‹, aber *jeder einzelne Mensch* wird in seiner Stunde der persönlichen Entscheidung alleine vor Gott stehen.

Gott ist nicht nur an deiner Kirche, deiner Missions- oder Jugendgruppe interessiert. Er ist ganz persönlich an dir interessiert. Ihm ist deine tägliche Gemeinschaft mit ihm im Wort und im Gebet wichtig. Deine Herzenshaltung, deine Entschlossenheit, einen beständigen Sieg in deinem Christenleben zu erleben. Er ist an deiner *persönlichen* Bereitschaft, seine Befehle auszuführen, interessiert und an deinem Vertrauen, daß er durch dich verherrlicht werden kann.«

Während Dawson und seine Mitarbeiter sich jeden Monat um Tausende von Fragenden aus den Evangelisationen von Billy Graham kümmerten, verlor er doch nie sein geistliches Hauptziel, die persönliche Betreuung des einzelnen, aus den Augen. Die folgenden Auszüge aus einem Artikel eines Mitarbeiters der Navigatoren, George Cripe (der ursprünglich als »Bericht aus London« in der Missionszeitschrift »Brethren Missionary Herald« im Frühjahr 1956 erschien), geben ein Beispiel dafür, wie effektiv Dawsons Bemühungen um Nacharbeit waren. Dieser Artikel berichtet von einer Evangelisation, die Billy Graham 1955 im Wembleystadion in London abhielt, Dort half Dawson auch bei der Nacharbeit mit. Obwohl die Navigatoren heute nicht mehr die Leitung der Nacharbeit für Billy Graham übernehmen, wird bei den Evangelisationen heute noch genauso verfahren, wie es in diesem Artikel beschrieben wird.

»Es ist der 14. Mai 1955, 21.00 Uhr. Ungefähr 100000 vom Regen durchnäßte Zuschauer im Londoner Wembleystadion verharren in ehrfürchtigem Schweigen und hören Billy Grahams letzte Worte, mit denen er aufruft, nach vorne zu kommen. Nachdem es während der ganzen Veranstaltung nur leicht geregnet hat, kommt jetzt plötzlich ein Platzregen auf. Die Regentropfen glitzern im grellen Flutlicht und durchnässen den smaragdgrünen Rasen. Während Billy mit gesenktem Kopf dasteht und der Chor leise singt: ›So wie ich bin‹, setzen sich langsam Menschenrinnsale in Bewegung, die die dichten Reihen durchbrechen, bis sich bald ein mächtiger Strom von 3400 Menschen auf den Rasen ergießt.

Hoch oben in den Reihen sitzt in dieser schicksalhaften Nacht ein Mann, der aus reiner Neugierde ins Wembleystadion gekommen ist. Er ist schon oft hierher gekommen, um sich die Hunderennen anzuschauen. Nachdem er heute abend die Botschaft des Evangeliums hört, ergreift ihn eine unerklärliche Sehnsucht. Als Billy zur Bekehrung aufruft, steht Tom Edmonds von seinem Sitz auf und geht nach unten auf die Aschenbahn in den strömenden Regen und die blendenden Scheinwerfer der großen Flutlichter. Als er sich den ständig zunehmenden Menschenmassen vor dem Rednerpult anschließt, bemerkt er plötzlich, daß jemand zu ihm spricht: ›Freund, wollen Sie gerne unter meinen Schirm kommen?‹ Es ist der Mann direkt neben ihm. Dankbar nimmt Tom diesen Schutz vor dem Regen an.

Als Tom dort im Regen und im gleißenden Licht steht, denkt er darüber nach, warum er eigentlich nach vorne gegangen ist. Er denkt: ›Ich habe eigentlich keine Antwort darauf. Es hat sich noch nichts in meinem Leben verändert.‹ Er hört zu, wie Billy Graham den Neubekehrten noch einige Ratschläge mit auf den Weg gibt. Er spricht das Gebet des Sündenbekenntnisses mit, und doch ist der Hunger seines Herzens noch nicht gestillt. ›Wenn ich bloß mit Billy über meine persönlichen Probleme sprechen könnte‹, denkt er.

Erschrocken merkt Tom, daß der Mann mit dem Schirm wieder mit ihm spricht: ›Mein Name ist

Edgar Mendenhall‹, sagt er. ›Ich bin Seelsorge-helfer bei dieser Evangelisation, und ich würde Ihnen gerne helfen. Vielleicht könnten Sie mir sagen, warum Sie nach vorne gegangen sind.‹

›Ich heiße Edmonds‹, antwortet Tom. ›Ich bin wohl im Augenblick etwas verwirrt. Ich muß sagen, daß ich eigentlich nicht weiß, *warum* ich nach vorne gekommen bin. Ich konnte irgendwie nicht anders. Mein Leben war nicht so, wie es sein sollte. Es war nicht schlecht, nur irgendwie ohne ein Ziel, und ganz plötzlich schien es mir heute abend so schrecklich leer zu sein. Als Herr Gra-ham davon sprach, daß man Frieden mit Gott haben kann, habe ich erkannt, daß ich mir diesen Frieden mehr als alles sonst auf der Welt wünsch-te. Aber ich habe Angst, daß ich diesen Frieden auch jetzt nicht gefunden habe, nachdem ich bis hier vorne gegangen bin‹, schließt er ziemlich resigniert.

›Aber Sie können diesen Frieden wirklich fin-den‹, antwortet der große Mann. ›Würden Sie bitte mal einen Augenblick den Schirm halten?‹ Edgar Mendenhall zieht eine Plastikhülle mit einer Bibel aus seiner Manteltasche. ›Sehen Sie, zuerst einmal müssen Sie alles auf Gottes Wort aufbauen. Himmel und Erde werden vergehen, aber Gottes Wort wird nie vergehen. Alles, was ich Ihnen heute abend erzählen werde, gründet sich also auf die Bibel. Werden Sie das akzep-tieren?‹

›Ja, natürlich‹, antwortet Tom.

›Also gibt es doch eine Antwort auf Ihr Problem. Das erste, was Sie wissen müssen, ist, daß Gott

Sie auf jeden Fall annimmt, wenn Sie mit aufrichtigem Herzen zu ihm kommen. Er sagt: ›Wer zu mir kommt, den werde ich nicht hinausstoßen.‹ Er wird Sie als sein Kind annehmen, wenn Sie mit *ganzer Aufrichtigkeit* gekommen sind.‹

›Soweit ich weiß, ist das der Fall.‹

Edgar Mendenhall schlägt jetzt Schlüssel-Bibelverse auf: Röm 3,23: ›Alle haben gesündigt‹, Röm 6,23: ›Der Lohn der Sünde ist der Tod‹, Röm 5,8: ›Christus starb für uns‹, Joh 1,12: ›Wie viele ihn aber aufnahmen, denen gab er Macht, Gottes Kinder zu werden.‹ Er bittet Tom, diese Verse laut vorzulesen, und hilft ihm, jeden Vers zu verstehen, bevor er den nächsten vorliest.

Als Tom über diese Bibelstellen nachdenkt, wird ihm plötzlich ganz klar: Gott liebt mich. Meine Sünden sind abgewaschen. Ich werde ein Kind Gottes – er bietet mir ewiges Leben an!

›Möchten Sie dieses Geschenk annehmen?‹

›Wie können Sie da noch fragen‹, fragt Tom, ›natürlich will ich!‹ In seiner Aufregung verliert er seine britische Zurückhaltung. Sie neigen beide ihre Köpfe. Während der Regen beständig auf ihren Regenschirm trommelt, findet Tom Frieden mit Gott durch Jesus Christus.

Edgar Mendenhall geht es jetzt darum, daß Tom in bezug auf seine Erlösung allein auf die Heilige Schrift und nicht auf seine Gefühle vertraut. Er gibt Tom ein kleines Heft, ›Anfang mit Christus‹, in dem vier Bibelverse zum Thema ›Heilsgewißheit‹ stehen, und ermutigt ihn, an diesem Abend vor dem Schlafengehen noch 1 Joh 5,11–12 auswendig zu lernen.

Edgar betont, wie wichtig es für Tom sein wird, sich einer christlichen Gemeinde anzuschließen, persönlich zu beten und Zeugnis von seinem Glauben abzulegen. Um ihn noch mehr zu ermutigen, stellt er Tom einem Mann vor, der eine Plakette mit der Aufschrift ›BERATER‹ trägt. Diesem erfahreneren Christen erzählt Tom das erste Zeugnis von seiner Bekehrung. Am Ende des Gesprächs mit ihm sagt Tom dann: ›Ich habe die Hilfe des anderen Pastors sehr geschätzt.‹ – ›Oh‹, meint der Berater, ›hat er Ihnen nicht gesagt, daß er kein Pastor, sondern Innenarchitekt ist?‹

Tom geht an anderen ›Regenschirm-Altären‹ vorbei, wo Suchende und Seelsorger über einer offenen Bibel immer noch ernsthafte Gespräche führen. Der Regen hört langsam auf, als Tom das Stadion verläßt, und in seinem Herzen ist ein großer Friede.

Sobald Tom gegangen ist, beginnt das Nacharbeitsbüro, das im Ostflügel des Wembleystadions untergebracht ist, seine Arbeit. Viele ehrenamtliche Mitarbeiter bearbeiten Tausende von Entscheidungskarten.

Am nächsten Nachmittag bekommt Tom einen persönlichen Brief von Billy Graham. Er beglückwünscht ihn zu seiner Entscheidung und gibt ihm eine Reihe hilfreicher Ratschläge, wie man ein Leben als Christ führen kann. Er betont besonders, wie wichtig es ist, schnell die vier Bibelverse über ›Heilsgewißheit‹ auswendig zu lernen, damit Tom mit dem Schwert des Geistes gewappnet ist, um die anfänglichen Angriffe des Teufels abzuwehren. In dem Brief wird er auch ermutigt, täglich in der Bibel zu lesen, täglich zu beten und regelmäßig zur Kirche zu gehen.

Innerhalb der nächsten 48 Stunden ruft der Seelsorger an, der ihn zu Christus geführt hat, und ermutigt ihn durch ein persönliches Wort, und vor Ende dieser ersten Woche besucht ihn der Pastor der Ortsgemeinde, gibt ihm weitere Ratschläge und lädt ihn herzlich ein, die Gottesdienste zu besuchen.

Die Nacharbeit der Evangelisation endet aber hier noch nicht. Tom wird eine Einladung zu einer besonderen Veranstaltung für die Bekehrten dieser Evangelisation und mindestens einen weiteren Brief des Nacharbeitsbüros erhalten, der die erste Lektion des Einführungskurses zur Bibelarbeit der Navigatoren enthält. Der Seelsorger wird mindestens noch einmal anrufen, um zu hören, wie Tom geistlich vorankommt.

Das Herzstück dieses kombinierten persönlichen Seelsorge- und Nacharbeitsprogramms – ganz abgesehen von der technisch hochqualifizierten Büroorganisation – ist eine sechswöchige Seelsorgeschulung vor der eigentlichen Evangelisation. Dieser sehr konzentrierte Kurs für persönliche Seelsorge wird von Pastor Lorne Sanny, dem Vizepräsidenten der Navigatoren und Direktor der Nacharbeit für das Billy-Graham-Team, gehalten. Er behandelt solche Themen wie persönliche Stille Zeit und Bibeltexte, die Aussagen über spezielle geistliche Probleme machen. Diese in dem Kurs behandelten Prinzipien werden ein lebendiger Bestandteil des persönlichen Lebens des Seelsorgers werden.

Der Seelsorger wird auch geschult, wie er das Vertrauen eines Menschen gewinnen und dessen *eigentliches* Bedürfnis erkennen kann – das sich meist von dem unterscheidet, was er zuerst als sein Problem nennt – und wie er diesem Bedürfnis mit dem Wort Gottes begegnen kann. Er lernt, wie er einen Menschen dahin führen kann, eine verstandesmäßige Entscheidung für Gott zu treffen, und wie er ihm später nachgehen kann, um ihm zu helfen, im Gebet, im Lesen des Wortes und in seinem christlichen Zeugnis zu wachsen. Außer einer Erkennungsplakette erhält jeder Seelsorger besondere schriftliche Anweisungen, in denen der genaue Ablauf jeder Veranstaltung beschrieben wird. Jedem Seelsorger wird jeden Abend ein bestimmter Platz im Saal bzw. Stadion zugewiesen. Während der Redner aufruft, nach vorne zu kommen, stellt sich der Seelsorger neben eine Person seines Alters und Geschlechts, die nach vorne gegangen ist; wenn dies nicht möglich ist, geht er zu der Seelsorgeabteilung und wartet auf nähere Anweisungen von einem Berater. Die letzte Aufgabe des Seelsorgers, nachdem er mit dem suchenden Menschen gebetet hat, besteht darin, ihn einem Berater vorzustellen, der den Neubekehrten darum bittet, ihm Zeugnis von seinem Glauben abzulegen, und der noch offenstehende Fragen klärt.

Der 48jährige Dawson Trotman, Gründer und seit 23 Jahren Präsident der Navigatoren, hat dieses umfassende und stabile Nacharbeitsprogramm ausgearbeitet. Die von ihm gegründete und von Gott gesegnete christliche Organisation arbeitet nach der Erkenntnis, daß jeder wiedergeborene junge Christ ein Recht darauf hat, zu einem reifen Christen heranzuwachsen, der für seinen Herrn reichlich Frucht bringt. Die Navigatoren glauben, daß ein frisch bekehrter Christ ohne einen geistlichen ›Vater‹ oder eine geistliche ›Mutter‹, die ihn persönlich betreuen und sich um ihn kümmern, für immer in seiner Entwicklung verkümmert, selbst wenn er eine echte Wiedergeburt erlebt hat. Als Trotman 1950 von Billy Graham gebeten wurde, der Direktor des Nacharbeitsteams zu werden, brachte er in die Situation der Massenevangelisation seine ganzen Erfahrungen in der Arbeit mit einzelnen und der Nacharbeit von Mann zu Mann mit ein.

Dadurch entstand das heutige Nacharbeitsprogramm des Billy-Graham-Teams. Obwohl Dawson Trotman gezwungen war, den größten Teil seiner Zeit den weltweiten Anforderungen seiner eigenen expandierenden Missionsorganisation zu widmen, interessierte er sich doch weiter aktiv für die Nacharbeit des Graham-Teams, indem er seinem Vizepräsidenten, Lorne Sanny, praktisch die volle Verantwortung für das Nacharbeitsprogramm übergab. Wenn Billy Graham in Europa und Asien Evangelisationen durchführte, kümmerten sich Vertreter der örtlichen Navigatoren in ähnlicher Weise um die Nacharbeit wie bei der Evangelisation in London.

Der segensreichste Aspekt dieses ganzen Nacharbeitsprogramms liegt vielleicht darin, daß es eine Vielzahl von Laien einsetzt, um Menschen für Christus zu gewinnen. Viele erleben den

Abend, an dem sie den ersten Menschen in einem Seelsorge-Raum einer Evangelisation zu Christus geführt haben, als den Beginn ihres eigenen geistlichen Wachstums.

Edgar Mendenhall und seine Frau zum Beispiel, die erst kurz vor der Evangelisation von Billy Graham 1954 in London zum Glauben fanden, fühlten sich geistlich zu schwach, um anderen als Seelsorger dienen zu können. ›Wir brauchen selbst noch Hilfe!‹ argumentierten sie. Trotzdem nahmen sie an der Seelsorger-Schulung teil. Während der Evangelisationsveranstaltungen 1955 im Wembleystadion haben diese beiden persönlich 114 Menschen betreut. Manchmal blieben sie bis 2 Uhr morgens auf, um sich um diese Neubekehrten zu kümmern.

Ein Jahr später betreuten sie immer noch 110 von diesen 114, die inzwischen im Glauben gewachsen sind und sich verbindlich einer christlichen Gemeinde angeschlossen haben! Tom Edmonds war also nur einer von vielen, die dieser Mann und diese Frau 1955 in Wembley zum lebendigen Glauben an Christus führten.

Dieses Nacharbeitssystem ersetzt in keiner Weise die Verantwortung der Ortsgemeinde. Das Ziel des Programms ist, daß jeder suchende Nichtchrist eine verstandesmäßige Entscheidung für Christus trifft, daß er in den ersten 48 Stunden seines Christseins eine besondere ›Schützenhilfe‹ bekommt und sich einer bibelgläubigen Ortsgemeinde anschließt. Eine kurze Zeit lang werden ihm vom Evangelisationsbüro einfache Hilfen zum Bibelstudium zugesandt. Danach aber trägt die Ortsgemeinde die Hauptverantwortung für die Nacharbeit.

Weil es oft einem Prediger kräftemäßig unmöglich ist, allen Neubekehrten, die in seine Gemeinde geschickt werden, persönlich nachzugehen, besteht eine Phase des Nacharbeitsprogramms darin, daß ein Team von Laien zusammengestellt wird, die innerhalb der Gemeinde diese Arbeit unter Anleitung ihres Pastors tun. Jedes Teammitglied nimmt sich einiger der Neubekehrten an und trifft sich regelmäßig mit jedem von ihnen, bis der Neubekehrte ein stetes und gefestigtes Leben als Christ führt. Der Pastor und die Mitglieder dieses Teams treffen sich einmal in der Woche, um auftretende Probleme zu besprechen und darüber zu beten. Wo dieser Plan durchgeführt wurde, hat er sich als sehr erfolgreich erwiesen.

Lorne Sanny ist ein Mann, der ein Auge für Effektivität und ein weltumspannendes Herz hat. Die Anweisungen für die Seelsorger gehören zu dem besonderen Beitrag, den er zu dem Nacharbeitsprogramm geleistet hat. Er ist aber auch jemand, der unermüdlich alles zu verbessern sucht, damit es noch reibungsloser abläuft. Er sagt: ›Wir geben uns nie mit unseren Leistungen zufrieden. Nach jeder Veranstaltung werden uns Dinge bewußt, die noch verbessert werden müssen.‹ Seine erprobten und zuverlässigen Methoden sind das Ergebnis dieser energischen Bemühungen um ständige Verbesserungen.

Heute ist Tom Edmonds ein glänzendes christliches Zeugnis in seiner Umgebung. Er hat mehrere seiner Freunde für Christus gewonnen, und einer von ihnen hat jetzt wieder seinen ersten Menschen zu Christus geführt. Tom ist sich nicht all der Mühen bewußt, die sich Menschen mit diesem Nacharbeitsprogramm gemacht haben, das ihm bei seinem Anfang mit Christus so entscheidend geholfen hat. Aber einer Sache ist er sich sehr bewußt: ›Ich war blind, aber jetzt sehe ich.‹«

Als sich Dawson immer mehr in der Mitarbeit bei Billy Graham engagierte, machten auch immer mehr seiner Mitarbeiter bei dieser Sache aktiv mit. Als er 1956 zum Herrn heimging, waren die meisten der Navigatoren in leitenden Funktionen in irgendeiner Form in dieser Evangelisationsarbeit tätig. Und so wollte er es auch haben! »Alles, was es wert ist, daß man dafür arbeitet, ist es wert, daß man sich mit seinem ganzen Herzen, mit all seinen Mitarbeitern und mit seinem ganzen Geld dafür einsetzt.«

Von der Nacharbeit zum Konzept der Jüngerschaftsschulung

Als Dawson weiter mit Billy Graham zusammenarbeitete und ebenso in seiner eigenen Organisation weiter aktiv war, wurden seine Augen Schritt für Schritt für eine biblische Wahrheit geöffnet, die weit über die Nacharbeit hinausging: das Konzept der Jüngerschaftsschulung. Es bedeutet, daß reife Christen herangebildet werden, die wieder andere gewinnen und schulen, damit diese wieder andere Menschen für Christus gewinnen und als

Jünger schulen. Mit anderen Worten, es geht um geistliche Vermehrung. Dawson glaubte, daß *jeder* Christ dieses Vorrecht habe:

»Ein Christ, der sich für die geistliche Vermehrung einsetzt, muß kein Redner sein, und er muß auch keine mitreißende Persönlichkeit haben. Er braucht nicht schön oder besonders gebildet zu sein. Im körperlichen wie im geistlichen Bereich kann jeder Mensch, der gesund, ausgereift und nicht unfruchtbar ist, Kinder bekommen. Ich glaube, es ist an der Zeit, daß jedes einzelne Kind Gottes anfängt, sowohl sich selbst als auch die, die es evangelisiert, als geistliche Vermehrer zu betrachten, die wieder andere zu Christus führen. Sei nicht zufrieden, bevor du deine ›Enkel im Herrn‹ siehst, und dann später auch einige ›Urenkel‹. Das ist doch wohl ein Lebensziel für dich! Das wird dir genug Stoff geben, um auf die Knie ins Gebet zu gehen und die Bibel zu erforschen, um mehr geistliche Nahrung zu bekommen.«

Die körperliche Vermehrung begann mit einem Gebot Gottes, das uns in 1. Mose überliefert wurde: »Seid fruchtbar und mehret euch und füllet die Erde« (1 Mo 1,28). Dawson glaubte, dieses Gebot für die Fortpflanzung im körperlichen Bereich sei ein Bild für Gottes Plan für die geistliche Vermehrung.

Daws benutzte diesen guten Vergleich, um seine Zuhörer davon zu überzeugen, wie entscheidend wichtig es ist, seine Zeit und seine Kraft in das Leben anderer Menschen zu investieren und nicht für unproduktive Aktivitäten zu verschwenden. Er stürzte sich regelrecht auf das Problem, Jünger durch persönliche Betreuung von Mann zu Mann heranzubilden – er konzentrierte sich ganz darauf, seine Zeit damit zu verbringen, wenigstens einem Menschen zu helfen: »Männer, wo ist euer Mann?

Frauen, wo ist eure Frau? Wo ist der, den du zu Christus geführt hast und der jetzt mit ihm lebt? Der Fluch unserer Zeit ist, daß wir zu beschäftigt sind. Ich spreche nicht davon, daß einer arbeitet, um Geld zu verdienen und davon Nahrung zu kaufen. Ich spreche davon, daß wir mit christlichen Dingen zu beschäftigt sind. Wir haben geistliche Aktivität bei geringer Frucht für den Herrn. Echte Frucht für Gott ist aber eine Folge dessen, was wir ›Nacharbeit‹ nennen.«

Nacharbeit sollte zu geistlicher Vermehrung führen, und dies dann wieder dazu, daß sich diejenigen, die für Christus gewonnen wurden, auch vermehren. Dawson erläuterte diese Wahrheit gerne mit 2 Tim 2,2: »Und was du von mir gehört hast vor vielen Zeugen, das befiehl *treuen* Menschen an, die tüchtig sind, auch andere zu lehren.« In diesem Vers ist die Rede von vier Generationen eines geistlichen Erbes: Paulus, Timotheus, treue Menschen und andere. Was Timotheus von seinem ›Adoptivvater‹ lernte, sollte er an treue Menschen weitergeben, die dann wiederum andere lehren sollten, das gleiche zu tun. Dieser Prozeß ist die geistliche Vermehrung. Das Hauptziel Dawson Trotmans und der Navigatoren lautet bis heute: »Christus kennen und ihn bekannt machen.«

Lebt so, wie ich es euch gelehrt und weitergegeben habe und wie ihr es von mir gehört und an mir gesehen habt.

Philipper 4,9 (Gute Nachricht)

Ich habe einen unvergeßlichen Eindruck von ihm: Er war ein Wegbereiter durch sein persönliches Vorbild.

Jim Downing

9. KAPITEL:

Wegbereiter

Ein Grund, warum Dawson Trotman sowohl in seiner Persönlichkeit wie auch in seinen Predigten so überzeugend wirkte, war, daß er in seinem alltäglichen Leben praktizierte, was er anderen predigte. Er *lebte aus,* was er glaubte und lehrte. Dieses Prinzip nannte er »den Weg bereiten«.

Was du nicht selbst vorlebst, solltest du nicht predigen

In dieser Zeit sah Daws nicht viele Wegbereiter in der christlichen Gemeinde. Anderen Christen ein Vorbild zu sein, war anscheinend eine verlorene Kunst. Daws betonte, es sei notwendig, etwas zuerst selbst zu tun, damit man jemand anderen dazu bewegen könne, es auch tun zu wollen. Die Menschen glaubten im allgemeinen, es sei nicht möglich, ein sieghaftes Leben als Christ zu führen, weil sie dies an ihren christlichen Leitern nicht sehen konnten. Daws setzte seinen Glauben zuerst in die Praxis um – und dann erst lehrte er andere, was er zuvor selbst gelernt hatte. Er lernte lange Zeit selbst Bibelverse auswendig, bevor er versuchte, andere dazu zu bringen, Gottes Wort im Herzen zu behalten. Er gab selbst Zeugnis von Christus, bevor er damit begann, Matrosen dazu anzuhalten, »Botschafter Christi« zu sein.

»Wenn du nicht selbst vorangehst, dann führst du kein Leben, das andere anspricht und das du weitergeben könntest. Du übermittelst dann nur deine eigene Erfahrung, die von Schwachheit und Unwirksamkeit gekennzeichnet ist.« Daws hatte einen Lieblingssatz: »Wenn du etwas nicht selbst vorlebst, solltest du nicht darüber predigen. Wenn du etwas in deinem Leben nicht selbst praktizierst, dann rede mit keinem anderen darüber.« Dieses grundlegende Prinzip der Wegbereitung erklärt zum Teil den Erfolg von Daws' Dienst.

Einer der Männer, die Dawson in seinem ganzen Leben am nächsten standen, war Jim Downing. Er beobachtete Daws, indem er mit ihm lebte und mit ihm in der Organisation der Navigatoren zusammenarbeitete. Jim konnten wir diese Beobachtung entlocken: »Das, was mir von ihm unvergeßlich blieb, war, daß er ein Wegbereiter und ein Vorbild war. Er wußte, was getan werden sollte, er tat es selbst, und er verlangte nie von jemand anderem etwas zu tun, das er nicht zuvor selbst getan hatte. Diese besondere Gabe sorgte dafür, daß er in allem, was er anfaßte, Erfolg hatte. Seine Energie, sein Elan, seine Klugheit und sein Eifer im Leben waren gepaart mit seinem intensiven Wunsch, seinen Leuten den Weg zu zeigen, indem er ihn voranging. Dies machte ihn in der einen großartigen Aufgabe, die er anpackte, so erfolgreich.«

Dawsons Beschreibung von Vic McAnney, einem Matrosen auf dem amerikanischen Kriegsschiff »Astoria«, ist ein gutes Beispiel für die Kraft, die von einem Zeugen Christi ausgeht, der zugleich ein Vorbild ist: »Vic war ein richtig lieber Junge. Wir nannten ihn oft den ›erstklassigen Bäcker und erstklassigen Christen‹. Nun, die ›Astoria‹ fuhr gerade über den Äquator, und es war heiß – besonders im Frachtraum des Schiffs, wo sich die Backstube befand. Vic backte dort unten Kuchen und trank Eistee. Er sagte zu einem seiner Mitarbeiter: ›Mensch, wenn ich diesen Eistee nicht hätte, könnte ich nicht weiterarbeiten.‹ Dieser Mann kannte Vic sehr gut, und obwohl er Christus noch nicht als seinem Herrn vertraute, hatte er die Wirklichkeit Christi im Leben von Vic schon deutlich gespürt. Deshalb sagte er: ›Du hast doch etwas viel Besseres als Eistee, das dir Kraft gibt.‹

Unter den Sternen des Südpazifik leitete Vic oft eine Bibelstunde an Deck hinter einem der Turmgeschütze. Bevor die ›Astoria‹ bei den Salomoinseln versank, hatte Vic vierzig Männer der Schiffsmannschaft zu Christus geführt. Wie die meisten Menschen ›sahen‹ auch sie lieber eine Predigt, als sie nur zu hören.«

Diese christlichen Soldaten versuchten ihre Arbeit an Bord nicht einfach vorschriftsmäßig, sondern ausgezeichnet zu tun. Durch ihre Qualitätsarbeit zeigten sie in ihrem Leben die Kraft Christi.

Dem Leiter folgen

Eines Tages im Frühling 1954, als Dawson und ich uns auf dem Flug von Südkalifornien zu einer Konferenz auf dem Berg Hermon befanden, begann Dawson mit mir sein Referat durchzusprechen. Er sollte über den Bibeltext Spr 23,26 sprechen: »Gib mir, mein Sohn, dein Herz und laß deinen Augen meine Wege wohlgefallen.« Er bat mich, einmal laut über einige Beispiele aus der Bibel nachzudenken, wo Menschen durch das Beobachten lebendiger Vorbilder statt durch bloßes Zuhören etwas lernten. Wir nannten einige Heeresführer wie Moses, Josua und David, die ihren Männern vorangingen und sie so in den Kampf führten. Sie waren ›Wegbereiter‹, indem sie selbst an der Front kämpften. Plötzlich sagte Daws zu mir: »Sag mal, Bob, was war eigentlich mit dem Bauernjungen Gideon? Erinnerst du dich, daß er mit nur dreihundert Mann gegen eine mächtige Armee loszog, die ›sich in der Ebene niedergelassen hatten wie eine Menge Heuschrecken, und ihre Kamele waren nicht zu zählen wegen ihrer großen Menge, wie der Sand am Ufer des Meeres‹ (Ri 7,12)?«

Daws nahm seine Bibel aus seiner kleinen braunen Aktentasche heraus und öffnete sie bei Ri 7,17. Als ob er diesen Vers zum ersten Mal läse, teilte er ihn mir mit: »Und er (Gideon) sprach zu ihnen: ›Seht auf mich und *tut ebenso* . . . wie *ich* tue, so tut *ihr* auch! Wenn ich die Posaune blase, so sollt ihr auch die Posaunen blasen.« Ich habe noch nie einen Menschen gesehen, der bei einer Sache aufgeregter war als Dawson bei diesem Bibelabschnitt. »Wie ich tue, so tut ihr auch«: Das machte Dawson sehr betroffen. Salomo und Gideon sagten das, aber wer sagt es heute?

Am Abend sprach Dawson zu einer aufmerksamen Zuhörerschaft von 500 Konferenzteilnehmern. Er erzählte zunächst seine üblichen Witze, einige Geschichten aus dem Krieg, und kam dann zu seiner eigentlichen Botschaft – dem Thema ›Das wegbereitende Vorbild‹.

»Haben Sie schon einmal eine Schafsherde beobachtet?« fragte Daws seine Zuhörer. »Wenn Sie Gelegenheit dazu bekommen, sollten Sie das unbedingt tun. Setzen Sie sich in Ruhe hin, und beobachten Sie die Schafe. Ein Schaf springt über einige Bretter. Dann folgt das nächste Schaf und dann ein anderes. Der Hirte nimmt dann die Bretter weg, und was geschieht? Die Schafe springen weiter an der Stelle, wo vorher die Bretter waren. ›Folgt dem Leithammel‹, ist das Spiel, das sie spielen. Die

Gewohnheit sagt ihnen: ›Spring‹, selbst wenn es keinen Grund mehr gibt, an dieser Stelle zu springen.«

Daws beschrieb dann weiter plastisch, daß Menschen wie Schafe sind. Sie kennen auch solche ›Spiele‹ und folgen einem ›Leithammel‹, der ihnen vorangeht. »Sie können nicht andere dazu bringen, etwas zu tun, was Sie selbst nicht tun. Wenn Sie nicht springen, dürfen Sie nicht erwarten, daß die anderen springen werden. Sie können nicht etwas weitergeben, was Sie selbst nicht besitzen.«

In der nächsten Stunde führte Dawson diese 500 Menschen durch das Neue Testament. Er zeigte ihnen, was Jesus, die Jünger und Paulus zu diesem so lebenswichtigen Prinzip des christlichen Lebens zu sagen hatten. »Jesus sagte zu seinen Mitarbeitern aus Galiläa nicht: ›*Hört mir zu,* und ich werde Menschenfischer aus euch machen.‹ Er sagte auch nicht: ›*Lest ein paar Bücher zu diesem Thema,* und das wird aus euch Menschenfischer machen.‹ Nein, Jesus sagte zu ihnen: ›*Folgt mir nach.*‹ Und in den nächsten Jahren taten sie genau das. Jesus lehrte immer durch Gleichnisse und Beispiele, und er lebte ihnen sein Leben vor ihren Augen vor. Bei den Navigatoren nennen wir dies das ›Mit Jesus sein‹-Prinzip. Es beruht auf den vier Evangelien, aber insbesondere auf Mk 3,14: ›Und er setzte zwölf ein, daß sie *bei ihm sein* sollten und daß er sie aussendete, zu predigen.‹«

Daws schlug den 1. Korintherbrief auf. Er liebte es, sein ›geistliches Zelt‹ im 4. Kapitel, V. 14–16, aufzuschlagen: »...meine lieben Kinder... wenn ihr auch zehntausend Erzieher hättet in Christus, so habt ihr doch nicht viele Väter... ich habe euch gezeugt... Folgt meinem Beispiel.« Dann ging er schnell zu 1 Kor 11,1: »Folgt meinem Beispiel, wie ich dem Beispiel Christi!«

Seine Redeweise war oft unorthodox, und dieser Abend war keine Ausnahme. Dawson bemerkte, daß seine Zuhörer müde wurden. Deshalb entschloß er sich, den Punkt, den er vermitteln wollte, ganz anschaulich darzustellen, um sie wieder aufzuwecken. Er stieg vom Podium herab, suchte sich zwei junge Männer aus und ging im Gleichschritt mit ihnen nach vorne: »Rechts, links, rechts, links ...!« Direkt vor dem Rednerpult hielt er sie an. »Nennen wir jetzt mal den ersten von uns Jesus Christus. Du bist der Anführer, und wir sind deine Nachfolger. Du in der Mitte, dein Name ist Paulus. Mein Name soll Krispus sein. Ich wohne in Korinth, habe dort mein ganzes Leben lang gelebt. Paulus kam nach Korinth und hat dort gepredigt. Ich habe mir alles angehört, was er zu sagen hatte, und ich bin an den Herrn Jesus Christus gläubig geworden.

Ich, Krispus, gehe in den Fußtapfen von Paulus. Paulus, du mußt so nahe wie möglich hinter Jesus herlaufen. Gehe im Gleichschritt mit ihm. Wenn du in seinen Fußtapfen gehst und ich in deinen, dann gehe ich in den Fußtapfen meines Herrn. Wenn wir alle im Gleichschritt laufen und Paulus sich bückt oder nicht mehr zu sehen ist, sehe ich nicht mehr Paulus, sondern Christus, weil Paulus so nahe bei Jesus Christus steht.

Das also ist ein ›Wegbereiter‹. Es geht hier um ein biblisches Prinzip. Das ist auch das, was Paulus der Gemeinde in Philippi sagte: ›Was ihr gelernt und empfangen und gehört und gesehen habt an mir, das tut; so wird der Gott des Friedens mit euch sein‹ (Phil 4,9).«

Dawson bat die jungen Männer weiter, folgende Bibelstellen nachzuschlagen: »*Folgt mir,* liebe Brüder, und seht auf die, die so leben, *wie ihr uns zum Vorbild habt*« (Phil 3,17); »*Und ihr seid unsrem Beispiel gefolgt* und dem des Herrn und habt das Wort aufgenommen in großer Bedrängnis mit Freuden im Heiligen Geist« (1 Thes 1,6); »Niemand verachte dich wegen deiner Jugend; du aber *sei den Gläubigen ein Vorbild* im Wort, im Wandel, in der Liebe, im Glauben, in der Reinheit« (1 Tim 4,12).

Nachdem er einige Geschichten aus seinem eigenen Leben über Fehler erzählt hatte, die er als Vorbild gemacht hatte, und über Lektionen, die er als Wegbereiter gelernt hatte, sagte er: »Ich muß das geisterfüllte Leben mit Christus im Mittelpunkt vorleben, wenn ich möchte, daß ein anderer, mit dem ich zusammenarbeite, auch ein solches Leben führt. Ich muß täglich im Wort Gottes lesen, wenn ich möchte, daß jemand ein Mann des Wortes wird. Ich muß selbst ein Menschenfischer sein, wenn ich möchte, daß mein ›geistlicher Timotheus‹ andere Menschen für Christus gewinnt und das Prinzip der geistlichen Vermehrung verstehen lernt. Paulus drückt das, was ich meine, in 2 Thes 3,7 und 9 so aus: ›Denn ihr wißt, wie ihr *uns nachfolgen* sollt. Denn wir haben nicht unordentlich bei euch gelebt. . . . Wir wollten uns selbst euch zum Vorbild geben, damit ihr uns nachfolgt.‹«

Dieser Frühlingstag im Jahre 1954 war einer der wenigen Tage, an denen Dawson diesem Thema ein ganzes Referat widmete. Er fühlte sich viel wohler dabei, diese Sache zu praktizieren, als darüber zu predigen. Wenn er einen Schwachpunkt im Leib Christi entdeckte, versuchte er zunächst immer, der Vorreiter in diesem schwachen Bereich zu werden. Er versuchte, diese Sache in positiver Weise anzusprechen, und hoffte, daß andere die gehörte und vorgelebte Botschaft zu Herzen nahmen.

Hier eine andere Begebenheit aus Dawsons Leben, die

deutlich zeigt, wie er als Vorbild lebte und seine Überzeugungen in die Praxis umsetzte. Ein junger Pastor schrieb:

»Dawson sprach im Sommer 1954 auf einer Familienfreizeit unserer Gemeinde. Ich hatte die Gelegenheit, ihn nach seinem letzten Referat zum Flughafen zu fahren. Er hatte an diesem Morgen schon sehr früh ein Treffen gehabt, und deswegen wurde er sehr müde, als wir dann mit dem Wagen losfuhren. Mir kamen viele Dinge in den Sinn, über die ich gerne mit ihm geredet hätte. Plötzlich sagte er zu mir: ›Ken, hättest du etwas dagegen, wenn ich ein wenig schlafen würde?‹ Ich log ihn an: ›Nein, Daws, ich habe gar nichts dagegen. Du kannst ruhig schlafen. Wir haben noch eine Stunde bis zum Flughafen.‹

Natürlich war ich innerlich sehr enttäuscht, denn jetzt würde ich ja keine Möglichkeit mehr haben, mit ihm zu reden. Wir fuhren schweigend, weil er schlief. Er wachte auch erst auf, als wir auf den Parkplatz des Flughafens fuhren. Als wir das Auto parkten und das Gepäck aus dem Kofferraum herausnahmen, schaute er auf seine Uhr und sagte: ›Das ist ja toll. Wir sind eine Stunde vor Abflug meines Flugzeugs angekommen. Wir haben also noch genügend Zeit, damit du mir sagen kannst, was dir auf dem Herzen liegt.‹

Nachdem wir alle Reisedetails geregelt hatten, gingen wir in das Flughafenrestaurant, und er sagte: ›Ken, ich möchte dir einen kleinen Tip geben, der dir in deinem Dienst in den nächsten Jahren helfen könnte. Berate nie einen Menschen, wenn du müde bist. Ich weiß, daß du einige Dinge mit mir besprechen wolltest, und ich wollte auch gerne mit dir reden. Aber ich wußte auch, daß ich viel frischer sein würde, wenn ich ein wenig geschlafen hatte, und daß ich dann auch in Bestform sein würde, um mit dir zu reden. Also, jetzt können wir miteinander reden!‹

Ich habe dieses Erlebnis nie vergessen. Dawson hat mir durch sein Vorbild viel mehr geholfen als durch viele Worte. Wir hatten eine großartige Gemeinschaft, aber er wollte in seiner Bestform sein, um mir keinen ›verschlafenen‹ Rat geben zu müssen. Deshalb war er bereit, wahrhaftig mit mir umzugehen. Das erinnerte mich an Spr 27,17: ›Ein Messer wetzt das andere und ein Mann den anderen.‹«

Dawson hatte denselben Wunsch für seine jungen Männer und Frauen aus dem Mitarbeiterstab der Navigatoren, den auch Paulus für seinen jungen Mitarbeiter Timotheus hatte: »Sei den Gläubigen ein Vorbild« (1 Tim 4,12). Timotheus, der für die Gemeinde in Ephesus verantwortlich war, war von Paulus gebeten worden, die »hohen Lehren« des Evangeliums und des christlichen Lebens zu vertreten. Seine Lehre würde in einen heftigen Konflikt mit den natürlichen Wünschen jener geraten, denen er diente. Deshalb war es äußerst wichtig, daß sein eigenes Leben ein Vorbild für seine Lehre war. Andernfalls hätte sein verhältnismäßig junges Alter (er war Mitte Dreißig) Anlaß zum Ärgernis geben können. Paulus ermahnte Timotheus, den Gläubigen »im Wort, im Wandel, in der Liebe, im Glauben, in der Reinheit« ein Vorbild zu sein. Timotheus sollte in seinem Privatleben (so wie auch in seinen Gedanken), in seinem öffentlichen Dienst und in seinen zwischenmenschlichen Beziehungen vorbildhaft leben.

Doug Sparks, der schon sehr früh die Navigatoren in Übersee vertrat, beobachtete ebenfalls dieses Prinzip des christlichen Vorbildes in Daws' Leben. Er erzählte:

»Ich befand mich in den Bergen von Taiwan mit einem leitenden taiwanischen Mitarbeiter, Pastor Lo, der bei dem Ami-Stamm arbeitete. Auf einer seiner Asienreisen hatte Dawson in einer Bibelschule in Taiwan gelehrt und auch einige Tage diesen Stamm in den Bergen Taiwans besucht. Einige dieses Stammes waren früher Kopfjäger, sind aber heute Gläubige an den Herrn Jesus Christus. Ich fragte Pastor Lo, was er von Dawson Trotman halte und was ihm besonders an ihm aufgefallen sei.

Pastor Lo wandte sich an mich und sagte lächelnd: ›Herr Trotman ist der seltsamste Ausländer, den ich je getroffen habe. Einmal gingen wir im Regen zu einigen abgelegenen Dörfern und predigten dort das Wort Gottes. Als wir am späten Nachmittag nach Hause kamen, naß, unterkühlt, unsere Schuhe voller Schlamm, waren wir uns beide einig, daß eine heiße Tasse Tee jetzt genau das Richtige wäre. Wie es unsere Gewohnheit war, zogen wir beide unsere schmutzigen Schuhe am Eingang aus, und ich ging in die Küche, um den Tee zu bereiten. Als ich nach einer Viertelstunde zurückkam, saß Dawson auf dem Boden. Er hatte mit einem kleinen Stock, einem Stück Stoff und ein wenig Wasser meine Schuhe geputzt! Können Sie sich das vorstellen? Ein Amerikaner putzt mir, einem Chinesen, die Schuhe.‹

Ja, ich kann mir das vorstellen, denn so war Dawson nun einmal. Wenn er sah, daß jemand etwas brauchte, oder wenn es etwas gab, das er für einen anderen oder eine Organisation tun konnte, dann tat er es mit voller Begeisterung. Er suchte immer nach Gelegenheiten, ein Freund und Seelsorger zu sein. Er wollte Menschen durch sein Vorbild positiv beeinflussen und ermutigen. ›Sei ein Vorbild.‹«

Eine amüsante Geschichte aus den späten 40er Jahren

zeigt, wie andere christliche Leiter auf Daws' Herausforderung, ein Vorbild zu sein, reagierten. Bei einem Abendessen für die Leiter von ›Jugend für Christus‹ bei Daws und Lila Trotman in Süd-Pasadena, Kalifornien, standen auf der Gästeliste unter anderem: Billy Graham und Cliff Barrows; Torrey Johnson, Präsident der internationalen Jugend für Christus-Arbeit; Bob Pierce, der später für World Vision arbeitete; Bob Evans, der später die ›Greater Europe Mission‹ gründete; Dave Morken und Hubert Mitchell, erfahrene Asienmissionare. Nach dem köstlichen Mahl gab es einige Zeugnisse von Navigatorenmitarbeitern. Dann ergriff Dawson das Wort und entlud eine Stunde lang seine Ermahnungen an diese Leiter. Er redete von den grundlegenden Dingen, wie man ein christliches Leben führen sollte, und betonte, wie wichtig es sei, als christlicher Leiter für seine ›Nachfolger‹ ein Vorbild zu sein:

»Wie könnt ihr von euren Nachfolgern erwarten, daß sie regelmäßig im Wort lesen und eine tägliche Stille Zeit machen, wenn eure eigenen Mitarbeiter dies noch nicht einmal tun? Warum sollten eure Mitarbeiter und Mitarbeiterinnen es tun, wenn die verantwortlichen Leute eurer Organisation es nicht für nötig halten? Meine Herren, wißt ihr, warum eure wichtigsten Mitarbeiter keine Bibelverse auswendig lernen, nicht regelmäßig in der Bibel studieren und diszipliniert die Begegnung mit Gott suchen? Es liegt daran, daß ihr ihnen darin selbst kein Vorbild seid. Erwartet nicht von anderen etwas, wo ihr ihnen nicht als Vorbild vorangeht.«

Es war schon spät, und Hubert Mitchell schlug vor, daß sie sich doch trennen und sich dann am nächsten Morgen wieder treffen sollten, um an diesem Punkt weiterzureden. Da sprang Torrey Johnson auf und explodierte: »Setz dich, Hubert, Daws ist noch nicht mit uns fertig, und außerdem hat er uns noch nicht zur Bekehrung gerufen!«

In seinen Memoiren machte der Feldmarschall Montgomery, der Befehlshaber der britischen Armee, folgende Beobachtung: »Ich habe immer die Ansicht vertreten, daß eine Armee mehr ist als eine Ansammlung von einzelnen mit soundsovielen Panzern, Gewehren, Maschinengewehren usw., und daß die Stärke dieser Armee nicht von der Gesamtheit all dieser Dinge zusammengenommen abhängt. Die wahre Stärke einer Armee ist – und das muß so sein – weit größer als die Summe all dieser Einzelteile. Diese besondere Stärke kommt durch die *Moral der Truppe, ihren Kampfgeist, das Vertrauen unter den Leitern und den Geführten* und, besonders bei großen Aufgaben, *die Qualität ihrer Kameradschaft untereinander,* und viele andere unfaßbare seelische Eigenschaften.«

Dawson Trotman wünschte und betete um eine vergleichbare Leitung für die Kirche Jesu Christi.

Der Freigiebige wird immer reicher, der Geizhals spart sich arm. Wer mit anderen teilt, wird selbst beschenkt; wer den Durst anderer stillt, den läßt man nicht verdursten.

Sprüche 11,24–25 (Gute Nachricht)

Handelt nicht aus Selbstsucht oder Eitelkeit! Keiner soll sich über den anderen erheben, sondern ihn mehr achten als sich selbst. Verfolgt nicht eure eigenen Interessen, sondern seht auch auf das, was den anderen nützt.

Philipper 2,3–4 (Gute Nachricht)

10. KAPITEL:

Ein Herz für den Leib Christi

Durch seine Freundschaft mit vielen Leitern christlicher Gemeinden hat Dawson einen großen Beitrag zum Leib Christi geleistet. Leiter verschiedener Konfessionen, Direktoren von außerkirchlichen Gruppen und Missionsgesellschaften, Evangelisten, Pastoren und Lehrer konnten zu seinen engen Freunden gezählt werden. Er versuchte nicht, aus diesen Männern und Frauen Navigatoren zu machen, sondern trachtete danach, ihnen in jeder nur möglichen Weise zu dienen. Seine Aufgabe, so glaubte er, bestand darin, sie in ihrem Dienst zu ermutigen und zu stärken.

Als Folge davon war er auch sehr freigebig; er gab nicht nur sich selbst, sondern auch andere Navigatorenmitarbeiter an andere Organisationen.

Was war der Grund dafür, daß Dawson so freigebig seine kostbaren Mitarbeiter »auslieh«, damit sie diesen anderen christlichen Werken halfen? Ein Teil der Antwort liegt darin, daß er die Gemeinde als ein Ganzes sah. Er haßte die Konkurrenz unter den christlichen Organisationen und kämpfte ständig gegen die hartnäckige Neigung, nur an den Aufbau seiner eigenen Organisation zu denken. Manchmal machte er sogar den Fehler, diese Neigung so hart zu bekämpfen, daß seine eigene Arbeit darunter litt.

Die Organisationen, an die er seine Männer und Frauen »auslieh«, bemerkten, wie wertvoll diese Mitarbeiter waren, und wollten sie bei sich behalten. Manchmal kam es zu Mißverständnissen, wenn Daws sie zu den

Navigatoren zurückholen wollte. Dieser »Interessenkonflikt« brachte Daws dazu, eine »Politik der offenen Karten« zu führen. Wenn er jetzt jemanden an eine andere Organisation auslieh, geschah dies ohne Bedingungen. So kam es, daß Mitte der 50er Jahre eine Menge von geschulten und hochqualifizierten Navigatoren Mitarbeiter anderer christlicher Organisationen in der ganzen Welt waren.

Diese freigebige Haltung hatte Dawson auch in bezug auf Geld und Material. Er glaubte, er könne das, was er empfangen hatte, einfach weggeben, weil die meisten seiner Konzepte und Methoden auf den Ideen anderer beruhten. Schon allein der Gedanke an ein »Copyright« war seinem Wesen fremd. Warum sollte er etwas festhalten, wovon der gesamte Leib Christi profitieren konnte? Was er besaß, gehörte doch dem Herrn. Nur widerwillig und weil es unbedingt nötig war, bejahte Dawson schließlich die Idee eines »Eigentumszeichens« – weil Mißbrauch getrieben wurde, und einige Leute mit dem Schrifteinprägekurs oder mit dem Bibelstudienmaterial der Navigatoren unrechtmäßigen Gewinn machten.

Ein Beispiel dafür, wie freigebig Dawson andere christliche Organisationen unterstützte, ist, daß er sogar Geld weggab, das eigentlich von seiner eigenen Organisation dringend benötigt worden wäre! Bevor die Navigatoren in ihre Geschäftsstelle in Colorado umzogen, hatten sie ein finanzielles Projekt für die Renovierung des Hauptquartiers in Los Angeles; es mußte auch eine neue Büroeinrichtung angeschafft werden. Während dieses Projekt lief, für das ganzer Einsatz gefordert war, fand in einem Konferenzzentrum in Südkalifornien eine besondere Veranstaltung statt. Dieses Konferenzzentrum war von Henrietta Mears aufgebaut worden. Sie gehörte der

Presbyterianischen Kirche in Hollywood an und war die Leiterin des Verlages »Gospel Light Press«. Sie war auch eine enge Freundin von Daws und Lila Trotman.

Als Daws die Einladung zu dieser Veranstaltung bekam, wo Spenden für dieses Zentrum gesammelt werden sollten, reservierte er einen Tisch für zehn Personen. Der Preis war nicht billig, aber Daws war der Ansicht, daß es die Sache wert war. Sein eigenes Navigatorenprojekt wurde für diesen Abend zur Seite gelegt, so daß die anwesenden Navigatoren als Gäste die Musik, die Zeugnisse und die Botschaft von Frau Mears genießen konnten, die davon erzählte, was Gott in ihrem Zentrum tat. Nach dem wunderbaren Abendessen und dem ansprechenden Abendprogramm sollte das Opfer eingesammelt und Versprechen abgegeben werden, wieviel man in Zukunft spenden wollte.

Dawson wandte sich an uns alle, die wir am Tisch saßen. Er bat uns, jeder von uns solle auf ein Blatt Papier die Summe schreiben, zu der sich unserer Meinung nach die Navigatoren im Glauben verpflichten sollten. Ich saß da und dachte nach: Was war mit unserem eigenen Projekt, für das wir finanzielle Unterstützung brauchten? Es stimmte schon, daß wir dieses Konferenzzentrum ein paar Mal im Jahr für die Navigatoren benutzten – was sollte man also dafür geben? Als ich die über 1000 geladenen Gäste sah, dachte ich, daß sie wahrscheinlich noch nicht so viele Verpflichtungen hatten wie wir – und so schrieb ich den Betrag auf mein kleines Papier, den ich für einen ›vernünftigen‹ Beitrag der Navigatoren hielt.

Daws sammelte dann unsere Spendenversprechen ein, legte seines dazu und öffnete jedes einzelne Papier. Dann tat er etwas sehr Erstaunliches. Er nahm seinen Kuli, und anstatt den Durchschnitt all dieser Summen zu errechnen, zählte er sie alle zusammen! Dann nahm er die Karte für das Spendenversprechen und füllte sie aus. Er schrieb die *Gesamtsumme* unserer Spendenversprechen als den Betrag auf, den die Navigatoren im folgenden Jahr zu spenden beabsichtigten. Nicht nur ich war total verblüfft – unser ganzer Tisch von Navigatorenmitarbeitern war total umgeworfen. Als wir an diesem Abend zum Auto gingen, war Daws' einfacher Kommentar dazu: »Wir haben alles umsonst empfangen, also können wir es auch weitergeben!«

Unser eigenes Spendenprojekt war ein riesiger Erfolg, aber nicht ohne viel harte Arbeit und intensives Gebet. An diesem Abend hatten wir alle eine wichtige Lektion gelernt: Gott läßt sich nichts schenken!

Geben macht uns Christus ähnlicher

Dawsons Hingabe an die Bibel, sein ständiges Bemühen darum, das, was er gelernt hatte, in seinem Leben zu praktizieren, und seine angeborene Großzügigkeit prägten ihn und gaben ihm eine Sorge für den Leib Christi, die der Sorge Christi sehr ähnlich war. Als er die Spaltungen, die Konkurrenz und die Feindseligkeiten sah, die in Ortsgemeinden, Missionsorganisationen und in christlichen Kreisen in Amerika und anderswo an der Tagesordnung waren, nahm Daws sich in seinem Herzen vor, in die andere Richtung zu gehen – er wollte versuchen, die Hände seiner christlichen Brüder und Schwestern zu stärken und die Einheit unter den Christen zu fördern.

Unter den Bibelversen, die ihm die theologische Untermauerung für seine besondere Betonung der Einheit unter den Christen boten, war Phil 2,5: »Ein jeder sei gesinnt, wie Jesus Christus auch war.« Der Kontext, die Verse 1–8, lehrt die Christen, »eines Sinnes« und einmütig in der Liebe zu sein. Daws entdeckte zunächst drei Aufforderungen in diesen Versen: »Tut nichts aus Eigennutz oder um eitler Ehre willen« (V. 3); »in Demut achte einer den andern höher als sich selbst« (V. 3); »seid so gesinnt, wie Jesus Christus auch war« (V. 5). Vor diesem Hintergrund glänzte der 4. Vers wie eine Goldader: »Ein jeder sehe nicht auf das Seine, sondern auch auf das, was dem anderen dient.« Hier war die Antwort für das Problem der Konkurrenz unter den Christen – der Balsam, um die Spaltungen zu heilen, die Scherben zu kitten und die Getrennten zu vereinen!

Als einmal einer seiner jungen Mitarbeiter über die Oberflächlichkeit einer bestimmten christlichen Arbeit klagte, sagte Daws sehr gutmütig zu ihm: »Sag mir, gibt es irgend etwas in dieser Arbeit, wofür du den Herrn preisen kannst?« Der Mitarbeiter mußte zugeben, daß es in dieser Arbeit sehr viele gute Dinge gab. Daws sagte daraufhin: »Ich habe gemerkt, daß es sehr gut ist, wenn ich den Herrn für die Stärken einer Gruppe lobe und versuche, ihr in ihren Schwächen zu helfen.« Diese Haltung prägte Dawson sein Leben lang.

Ständig baten Menschen Daws, Dinge zu tun, die er ablehnen mußte, weil er einfach keine Zeit dafür hatte. Trotzdem ging er oft nach Gebet auf ihre Bitten ein. Eine solche Bitte kam 1942 von Cameron Townsend, dem Gründer der Wycliff-Bibelübersetzer. Er bat Daws, nach Mexiko zu fahren, um dort die Arbeit der Übersetzer zu überprüfen, und dann zu dem alljährlich stattfindenden Leitertreffen zu kommen und dort die

Vorschläge zu machen, die er für richtig hielt. Diese ganze Aktion sollte zwei Wochen dauern.

»Cam, das würde ich wirklich gerne tun, aber ich habe noch nicht einmal die Zeit gehabt, nach San Diego zu fahren, um unsere Arbeit dort bei der Armee zu besuchen. Zwei Wochen sind eine ziemlich lange Zeit, und außerdem gibt es bestimmt jemand anderen, der diese Arbeit besser als ich tun kann.«

»Aber Daws, wir brauchen *dich*. Ich möchte, daß du diese Aufgabe übernimmst. Kannst du nicht wenigstens über diese Sache beten?«

Nachdem Dawson darüber mit dem Herrn gesprochen hatte, fuhr er nach Mexiko – und nach San Diego! Er dachte sich: Wie kann ich meinen Mitarbeitern predigen, daß sie sich um die Belange anderer kümmern sollen, wenn ich selbst nicht bereit bin, diesen Weg vorbildhaft voranzugehen? Hatte der Herr ihm nicht geboten, nicht nur auf die Arbeit seiner eigenen Organisation zu sehen, sondern auch auf die anderer Organisationen, wie z. B. der Bibelübersetzer? »Welchen Grund hätten diese Menschen in Mexiko, freigebig und großzügig zu sein, wenn ich sie im Stich lasse und ihnen ein ›Vorbild‹ bin, das selbstsüchtig ist und zuerst einmal sich selbst sieht?«

Als Dawson und die Navigatoren begannen, dieses Geben an andere in ihrem Dienst zu betonen, segnete Gott sie mehr als je zuvor. Daws sah diesen Segen ganz deutlich in den Finanzberichten, in der Vermehrung von Mitarbeitern und in einer ständig wachsenden Gunst bei anderen christlichen Werken in der ganzen Welt.

Wenn er sich wieder einmal anschickte, bei einer Evangelisation von Billy Graham mitzuarbeiten oder zu einem Leitertreffen der Wycliff-Bibelübersetzer zu fahren oder eine längere Asienreise zu unternehmen, um

seinen Freund Dick Hillis von der Missionsgesellschaft
»Orient Crusades« zu ermutigen, zitierte er seinen Mitarbeitern oft Lk 6,38: »Gebt, so wird euch gegeben. Ein
volles, gedrücktes, gerütteltes und überfließendes Maß
wird man in euren Schoß geben; denn eben mit dem
Maß, mit dem ihr meßt, wird man euch wieder messen.«

Ein anderer Bibeltext über das Geben, über den
Dawson gerne sprach, war Spr 11,24–25: »Einer teilt
reichlich aus und hat immer mehr; ein andrer kargt, wo
er nicht soll, und wird doch ärmer. Wer reichlich gibt,
wird gelabt, und wer reichlich tränkt, der wird auch
getränkt werden.«

Dies ist das Gesetz, daß man das erntet, was man
gesät hat. Dawson glaubte, daß dieses Gesetz nicht nur
im finanziellen Bereich gilt, sondern auch in den Beziehungen der Kirchen und der christlichen Werke untereinander, und er probierte dies für seine Generation
aus. Wenn jeder zu beschäftigt, zu engagiert, zu sehr in
seinem eigenen kleinen ›Reich‹ eingespannt war, wie
konnte dann die christliche Gemeinde zusammenarbeiten, um Einheit ohne Uniformität zu erreichen? Seinem
Mitarbeiterstab erläuterte Dawson dies 1954 sehr deutlich: »Wir haben die Vorstellung, daß die Sonne nur
über der Arbeit der Navigatoren auf- und untergeht.
Aber das wollen wir nicht! Wie in einer Uhr sind wir ein
kleines Rädchen im Getriebe. Laßt uns dafür sorgen,
daß wir unseren Teil tun und die anderen nicht vergessen.«

»Seht auch auf die Dinge der anderen.« Dieses Gebot
war bei Daws eine tief verwurzelte Überzeugung. Wie
schaffte es dieser Mann Gottes, andere christliche Werke auf seinem Herzen zu tragen? Ich möchte drei »Eck-
steine« in Dawsons Leben nennen, die im Verlauf von

dreißig Jahren seine Betonung der Mitarbeit bei anderen Werken bedingten.

Eine aktive Fürsorge für andere

Im Oktober 1947 schrieb Dawson über eine Konferenz der Navigatoren, auf der viele Redner von anderen christlichen Werken sprachen:

»Zu dieser Navigatorenkonferenz kamen Männer aus verschiedenen Gegenden der Vereinigten Staaten – zusammen waren es sechzig. Eins der herausragenden Merkmale dieser Woche, das besonders betont wurde, war, anderen christlichen Werken mehr Beachtung zu geben. Im Lichte von Bibelstellen wie Phil 2,3–4 und 1 Kor 12,14 + 21 hat uns der Herr immer mehr gezeigt, daß er dadurch geehrt und verherrlicht werden möchte, daß wir uns untereinander in den christlichen Werken immer besser kennenlernen und enger zusammenarbeiten.

Obwohl wir bereits das Vorrecht hatten, mit Inter-Varsity, Jugend für Christus und der Young Life Campaign eng zusammenzuarbeiten und eine gute Gemeinschaft zu haben, hat Gott uns auf dieser Konferenz mit repräsentativen Rednern von drei weiteren besonderen christlichen Werken beschenkt. Sie kamen von den Wycliff-Bibelübersetzern, dem Moody-Forschungsinstitut und der Missions-Flugdienstgemeinschaft. Wir hatten diese Männer eingeladen, damit sie uns die neuesten Informationen über die Führung des Herrn in ihrem Bereich des Weinbergs gaben. Es ist unser Ziel, die christlichen Werke immer besser kennenzulernen, die den Herrn verherrlichen und die das Siegel und die

Zustimmung Gottes durch seinen Segen haben, und dies nicht nur, um aus ihrem Programm zu lernen und sie im Gebet zu unterstützen, sondern auch um ihnen auf andere Weise zu dienen.«

Wie seine Gedanken über diese Konferenz zeigen, trachtete Dawson danach, sich aktiv im Leben der Christen einzusetzen, die mit anderen Organisationen arbeiteten. Er rief auch seine Mitarbeiter auf, dies zu tun. Er appellierte oft an seine Männer bei der Armee, mit denen er während des Zweiten Weltkrieges zusammenarbeitete, sich in Missionsgruppen zu engagieren, die die Äußere Mission zum Ziel hatten. Er machte es sich auch zur Aufgabe, diesen Männern dabei zu helfen, wie die folgenden Sätze zeigen:

»Einige der Männer haben uns geschrieben, daß sie sich für eine Mitarbeit in der Mission interessieren, wenn der Krieg vorbei ist. Hat Gott Euch diesen Wunsch ins Herz gelegt? Betet ihr darüber? Schreibt uns doch, was Euch am Herzen liegt, und laßt uns dann auch wissen, ob wir Euch in irgendeiner Weise helfen können. In diesem Fall würde Euer Name auf eine Gebetsliste gesetzt, damit viele von uns für Eure Zukunft beten können. Würdet ihr gerne Literatur von einigen Missionsgesellschaften erhalten, die in einem bestimmten Gebiet der Welt arbeiten?«

Dawson lernte mit der Zeit, daß Fürsorge für andere bedeutete, sich in ihrem Leben und in ihrer Arbeit voll einzusetzen. Bei Jim Rayburn von der Young Life Campaign bedeutete das, in den 40er Jahren wochenlang mit ihm herumzureisen:

»Wir waren begeistert, als wir sahen, wie sich fast 1000 junge Leute trafen. Sie hatten offene Herzen und hörten begeistert die Botschaften, die Gott ihnen durch die

Redner vermitteln wollte. Nicht nur in Houston, sondern es kamen auch Hunderte jeden Abend nach Tyler, San Antonio, Witchita Falls und Waco. All diese vielen Menschen kamen im Verlauf einer kurzen Woche zusammen!«

In diesen Jahren fuhren Daws und Jim gerne miteinander im Zug. Hier tauschten sie viele Dinge aus, lachten miteinander und hatten Gebetsgemeinschaften wie zwei Brüder, die sich beide sehr für ein gemeinsames Ziel einsetzen – Gott durch das Leben von jungen und alten Menschen zu verherrlichen. Einmal hatte Daws Jim erst die Hälfte von dem erzählt, was er ihm sagen wollte, als Jim in Texas aus dem Zug hätte aussteigen müssen. Jim blieb im Zug und fuhr noch die halbe Strecke bis Los Angeles mit, um alles zu hören, was Daws mit ihm austauschen wollte.

Von Selbstsucht befreit

Großzügigkeit war eine Eigenschaft, die Dawson zur Genüge vorlebte und auch predigte. Selbstloses Geben lag ihm immer am Herzen. Wenn er über diese Selbstaufopferung sprach, betonte er oft diesen Satz aus Phil 2,3: »Achte einer den andern höher als sich selbst.« Dann legte er diesen Vers aus: »O nein! Selbst wenn andere besser und höher sind als wir selbst, wie können wir sie so behandeln? Selbst wenn wir der Meinung wären, daß jemand besser ist als wir selbst, wäre es uns möglich, wirklich zu *glauben*, daß er besser ist als wir selbst? Das Herz des Menschen verhält sich von Natur aus einfach nicht so. Diese Verse im Philipperbrief widersprechen unseren natürlichen Neigungen. Es gibt tatsächlich andere, die besser sind als wir. Aber wer glaubt das wirklich? Wir glauben es nicht! Und wo wir es glauben, verhalten wir uns jedenfalls nicht dementsprechend. Ich habe aus der Bibel und anhand meiner Erfahrung die Überzeugung gewonnen, daß die Gesinnung Christi zu haben, wie es in V. 5 heißt, der Höhepunkt des fundamentalen Prinzips aus V. 4 ist: ›Seht auch auf das, was des andern ist‹.«

Dawson zitierte gerne auf Konferenzen von verschiedenen Konfessionen Röm 15,5–6: »Der Gott aber der Geduld und des Trostes gebe euch, daß ihr *einträchtig gesinnt* seid untereinander, Christus Jesus gemäß, damit ihr *einmütig* mit *einem* Munde Gott lobt, den Vater unseres Herrn Jesus Christus.« Er betonte dann, daß es einem Gemeindeleiter um mehr gehen müsse als »*meine* Kirche, *mein* Gemeindeprogramm, *meine* Gemeindeglieder oder *meine* Ideen«.

Fürsorge für andere christliche Werke außerhalb unserer eigenen Gemeinde ist ein biblisches Konzept. Gott läßt sich nicht in kulturelle oder wirtschaftliche Grenzen einsperren.

Die Unterschiede des anderen annehmen

Daws war davon überzeugt, daß die Einheit und die Liebe der Gläubigen untereinander, für die Jesus in Joh 17,21–23 betete, die beste Werbung für das Evangelium sind:

> ». . . damit sie alle eins seien. Wie du, Vater, in mir bist und ich in dir, so sollen auch sie in uns sein, damit die Welt glaube, daß du mich gesandt

hast. Und ich habe ihnen die Herrlichkeit gegeben, die du mir gegeben hast, damit sie eins seien,
wie wir eins sind, ich in ihnen und du in mir, damit
sie vollkommen eins seien und die Welt erkenne,
daß du mich gesandt hast und sie liebst, wie du
mich liebst.«

Dawson ermutigte sehr stark zu enger Gemeinschaft
verschiedener evangelikaler Gemeinden, trotz aller Mei-
nungsunterschiede in bezug auf zweitrangige Fragen. Er
warnte davor, sich zu sehr über eine enge Sicht in bezug
auf irgendeine »Wahrheit« aufzuregen (hier ging es nicht
um die fundamentalen Glaubenslehren, die die Evangelikalen charakterisieren) und zu vergessen, einander zu
lieben und für einen Bruder zu beten, der zu einer
anderen Gruppe gehört.
Eine Begebenheit von dem Weltevangelisationskon-
greß von Jugend für Christus in Beatenberg, Schweiz,
zeigt die Offenheit und Selbstlosigkeit, die Daws so
wichtig war. Die anfänglich gespannte Atmosphäre bei
diesem Kongreß kam zum größten Teil daher, daß sich
die verschiedenen nationalen Gruppen bewußt voneinander getrennt hielten. Vertreter aus aller Welt waren
zusammengekommen, um »eins in Christus zu sein«,
aber das entsprach nicht der Wirklichkeit. Die Westeuro-
päer versammelten sich als ein abgeschlossenes Grüpp-
chen; die Amerikaner traten mit ihrer vornehmen Klei-
dung und ihrer reichen Erscheinung in den Vordergrund;
die reservierten Engländer tranken ruhig in einer Ecke
ihren Tee. Eines Abends bestieg der erfahrene Missionar
Hubert Mitchell das Rednerpult. Er rief einen sehr
demütigen Diener Gottes aus Südindien auf, zu ihm nach
vorne zu kommen. Er beschuldigte die Christen aus dem

Osten und dem Westen, daß sie durch ihre Selbstbezogenheit zu der gespannten Atmosphäre beigetragen hätten. Dann zitierte er Mt 25,36 und zog sein Jackett aus. Er bat den Inder, der nur einen dünnen Pullover trug, sein Jackett anzuprobieren. Das Jackett paßte ihm genau! Hubert schenkte seinem Bruder das Jackett, und unter viel Gebet und vielen Gefühlen brachen die Wände der Trennung nieder. Christus trat wieder in den Mittelpunkt, und die Selbstbezogenheit wurde vertrieben. Die Botschaft war für alle leicht zu verstehen: Wir müssen an den ganzen Leib Jesu Christi denken, und nicht nur an unseren kleinen, engen, spezialisierten Bereich.

In einem sehr engagierten Teil seines Referats, das »Unsere Kraftreserven in Christus« hieß, setzte Dawson sich mit den kleinlichen Trennungen in der Gemeinde Christi auseinander:

»Ein Prediger steht morgens auf. Er geht in sein kleines Studierzimmer, öffnet seine Bibel und liest ein paar Verse. Dann spricht er ein kurzes Gebet: ›Herr, segne mich heute und mache mich zu einem Segen und segne die Glieder meiner Kirche.‹

Auf der anderen Straßenseite steht eine andere kleine Kirche. Sie gehört zu einer anderen Konfession. Es gibt da einige äußerliche Dinge, die der eine Pastor so macht und der Pastor der anderen Gemeinde anders. Und diese Tatsache, daß der eine Pastor die Dinge ein wenig anders sieht als der andere, hat irgendwie eine Mauer zwischen ihnen gezogen. Dieser Mann hat also gebetet – der andere Pastor betet auch. Zu wem betet er denn? Er spricht zu derselben Person, und er bittet um dasselbe.

Ein wenig entfernter in dieser Straße steht noch eine andere Kirche. Sie hat irgendeinen wohlklingenden Namen, und der Prediger dort betet auch. Er steht vom

Gebet auf und geht nach draußen. Als er auf die andere Straßenseite blickt, sieht er dort ein Plakat, auf dem steht: ›Erweckungsgottesdienste. Beginn 30. Juli.‹ Er geht murmelnd die Straße hinunter: ›Erweckung! Weiß denn dieser komische Kauz nicht, daß man keine Erweckung *machen* kann? Warum schreibt er nicht ›Evangelistische Gottesdienste‹? Was für ein Dummkopf! Er glaubt, er könne Erweckungen produzieren!‹ Wissen Sie, über wen dieser Mann redet? Er redet über seinen Bruder, seinen Mitstreiter im Glauben, über den Diener eben des Herrn und Heilands, mit dem er noch an diesem Morgen im Gebet gesprochen hat.

Der 30. Juli kommt, und sie haben einen sehr guten Redner. Es ist schon seltsam, wie die Menschen zu guten Rednern strömen! Sie haben also einen guten Redner und ein gutes Programm. Es kommen viele Christen. Einer von zwanzig bringt einen Außenstehenden mit. In der Morgenzeitung wird berichtet, daß die kleine Kirche übervoll war. Freut sich nun der Prediger der anderen Kirche auf der anderen Straßenseite darüber? Nein, er nörgelt: ›Der Prediger benutzt einfach nicht die richtige Methoden. Er predigt die falsche Botschaft.‹«

Dawson bedauerte diese negative Haltung. Er war der Meinung: *Was* wir glauben, trennt uns oft; *an wen* wir glauben, vereinigt uns.

Die Kirche – der Leib Jesu Christi – ist ein Leib, der sich aus vielen Gliedern mit vielen verschiedenen Aufgaben und Gaben zusammensetzt. Daws sah diese biblische Lehre sehr klar. Er liebte das 12. Kapitel des 1. Korintherbriefes. Er studierte es, lernte es auswendig, dachte viel darüber nach, und dann ging er nach draußen, um darüber zu predigen und es selbst vorzuleben. »Keine Kirchenspaltung« war das, was er überall laut verkündete. Der 25. Vers war für ihn das Herzstück seines Lieblingstextes: »damit im Leib keine Spaltung sei, sondern die Glieder in gleicher Weise füreinander sorgen.« Es sollte Fürsorge füreinander, Interesse aneinander und gute Beziehungen miteinander geben. Auch der 26. Vers aus 1 Kor 12 wurde ein lebendiger Bestandteil seines persönlichen Lebens, des Lebens seiner Familie und der Organisation, die er leitete: »Und wenn ein Glied leidet, so leiden alle Glieder mit, und wenn ein Glied geehrt wird, so freuen sich alle Glieder mit.«

Gegen Ende seines Lebens bat Dawson Bill Bright, zu den Mitarbeitern der Navigatoren zu sprechen: »Bill, halte ein gutes Referat zum Thema ›Evangelisation‹. Ich danke Gott, daß er dich und Campus für Christus in eine so enge Zusammenarbeit mit uns gestellt hat. Wir kümmern uns immer sehr um die Nacharbeit, und deshalb sind wir so beschäftigt, weil uns so viele um Hilfe bitten, daß wir das Evangelisieren etwas vernachlässigen. Das Evangelisieren ist deine Stärke, und deine Mitarbeiter haben wahrscheinlich nicht sehr viel Zeit für Nacharbeit. Wir beide können uns sehr gut ergänzen. Ich glaube, daß Gott aus diesem Grund möchte, daß wir Christen mit anderen Gliedern der Gemeinde Jesu zusammenarbeiten. Wir sollten zusammenarbeiten und unsere Stärken gemeinsam für den Herrn einsetzen, anstatt nur auf uns zu sehen und die Schwachpunkte der anderen zu kritisieren. Wir alle brauchen einander!«

Dawsons Fähigkeit, kleinliche Trennungsgründe zu übersehen, erwuchs aus seinem echten Interesse an anderen. Bill Bright sagte über Dawson:

»Daws wußte, daß ihn Gott um so mehr segnen würde, je mehr er anderen selbstlos und aus reinen Motiven half. Gott würde ihm das vielfältig zurückgeben, was er anscheinend an andere weggegeben hatte. Er war mir gegenüber sehr großzügig, als wir unsere Arbeit an der Universität von Los Angeles begannen. Über Nacht durften wir miterleben, wie unzählige Studenten zum Herrn fanden. Ich war ein ziemlich junger Christ, und Dawson hatte eingewilligt, uns mit Henrietta Mears, Dick Halverson und einigen anderen bei der Leitung unserer Organisation zu helfen. Es dauerte nicht lange, bis sich so viele Menschen bekehrten, daß ich Tag und Nacht versuchte, ihnen nachzugehen. Eines Tages schickte ich einen SOS-Ruf an Daws mit der Bitte, uns doch zu helfen. Mehrere Wochen lang kam er jeden Samstagmorgen um 6 Uhr, um sich mit einer Reihe von Neubekehrten zu treffen. Er half mir dabei, Jünger Jesu aus ihnen zu machen. Er lieh uns auch einige seiner besten Mitarbeiter und Mitarbeiterinnen aus, die uns ebenfalls eine große Hilfe waren. Die ganze Arbeit von Campus für Christus hat sehr davon profitiert, daß er in diesen frühen Jahren so viel von sich selbst abgab. Sein Vorbild hat mir entscheidend dabei geholfen, wirklich zu sehen, was Gott von mir wollte.«

Ihr werdet meine Zeugen sein zu Jerusalem und in ganz Judäa und Samarien und bis an das Ende der Erde.

Apostelgeschichte 1,8

Ich schätze Dawson sehr, weil er mir die Bedürfnisse der Welt gezeigt hat, und weil der Herr ihn dazu benutzt hat, mir die Welt ans Herz zu legen.

Doug Coe

11. KAPITEL:

Eine leidenschaftliche Liebe für die Welt

In den schönen Bergen der Sierra Nevada in Kalifornien stellte Dawson im Hume Lake Bibelzentrum folgende Frage, die die Tiefen der Seelen seiner Zuhörer erforschte: »Was liegt euch am Herzen?« Hören wir zu, was er diesen eifrigen jungen Leuten an diesem klaren Sommermorgen sagte:

»Warum solltet ihr eine Sicht für die ganze Welt haben? Weil Gott dies am Herzen liegt! Es ist vielleicht nicht das, was unseren *Kirchen*, unseren *Bibelschulen* oder unseren christlichen *Familien* am Herzen liegt, aber es bleibt eine Tatsache, daß die Welt *Gott am Herzen liegt!* Laßt uns heute einmal zusammen in die Heilige Schrift schauen und sehen, was die Gesinnung Christi war. Wenn wir nicht alles auf der Grundlage der Bibel aufbauen, dann haben wir überhaupt keine festen Grundlagen.

Es hat keinen Sinn, zu versuchen, eine Sicht für die Welt zu bekommen, solange man nicht weiß, wie man das machen soll. Wir wollen uns einmal Apg 1,8 näher ansehen – hier wird uns gesagt, wie wir eine Schau für die ganze Welt bekommen können. Ich liebe es, wie der Heilige Geist alles in einen einzigen Satz packt: ›*Ihr werdet Kraft empfangen.*‹ Das war das, was die Jünger Jesu wollten. ›Der Heilige Geist wird auf euch kommen.‹ Das war das, was sie brauchten. ›Ihr werdet meine Zeugen sein.‹ Das war ihre Aufgabe. ›*Meine* Zeugen.‹ Das war ihr Ziel.

Wo sollte all dies geschehen? ›In Jerusalem und in ganz

Judäa und Samarien und bis an das Ende der Erde.‹ Hier wird uns das Evangelisationsprojekt vorgestellt, liebe Leute!

Wenn das Evangelium hier bei uns zu Hause Frucht trägt, wird es das auch in anderen Ländern tun. Es wird *draußen* nichts bewirken, solange wir nicht *hier* für das Evangelium eintreten. Die Methode, die man uns für unsere missionarische Arbeit lehrt, hat oft einen falschen Ansatzpunkt. Man hat mich damals gelehrt, mit Fremden und Trampern umzugehen, aber man hat mir nicht beigebracht, wie ich meiner Familie, meinen Nachbarn oder meinen Arbeitskollegen in der Holzfabrik ein Zeugnis sein konnte.

Ich glaube, daß die Navigatorenarbeit heute deshalb so stark ist, weil unsere Leute zunächst mit den Menschen aus ihrer nächsten Umgebung sprachen. Sie legten bei den Menschen Zeugnis ab, mit denen sie in der Marine zusammenlebten und zusammenarbeiteten. Hier haben wir angefangen! Oh, wie sehr habe ich mich darüber gefreut: nicht über alle die Treffen, nicht über die vielen Menschen, die zu uns in den Hauskreis kamen, oder die vielen, die sich in der Schiffsbibliothek versammelten, sondern über die vielen Navigatoren, die zuerst einmal in ihrem ›Jerusalem‹ über ihren Glauben sprachen und ein Zeugnis bei sich zu Hause waren. Ist es da noch verwunderlich, daß diese gleichen Männer dann nach dem Krieg Mitte der 40er Jahre ihre formale Ausbildung bekamen und sich über die ganze Welt ausbreiteten? Die Sicht für die Welt beginnt damit, daß man eine Sicht für *einen* Menschen bekommt. Wenn wir uns um *einen* Menschen kümmern können, dann kann Gott uns auch eine Aufgabe für die Welt geben.«

Jahre später hatte Dawason immer noch diese Sicht für

die ganze Welt. Doug Coe aus Washington, D.C., erinnerte sich an diese besondere Ausrichtung bei Dawson:

»Ich glaube, daß ich mit Hunderten von anderen jungen Leuten am meisten von Dawsons Vision für die Welt beeindruckt war. Ich kann mich daran erinnern, wie ich neben ihm stand, während wir eine große Weltkarte in der Hand hielten. Er forderte uns auf, mit dem Finger auf verschiedene Länder zu zeigen. Dann beteten wir für jedes Land – dafür, daß in China, Korea, Kenia, Südafrika, Europa und Lateinamerika Arbeiter für die Ernte des Herrn aufstehen sollten.

So beteten wir für die ganze Welt – für große Länder und für solche, deren Namen man kaum lesen konnte. Zuerst dachte ich, daß dies eine dumme Übung sei, aber ich muß sagen, daß ich heute noch in genau derselben Weise bete.

Wenn ich heute von Nation zu Nation reise, muß ich oft an Dawson denken, an die große Weltkarte, an diese langen Gebetsgemeinschaften für die Nöte eines Landes, für Arbeiter in Gottes Ernte, für Missionsgesellschaften – und an seine große Verantwortung für die Verlorenen. Ich schätze Dawson sehr, weil er mir die Bedürfnisse der Welt nahegebracht hat, und weil der Herr ihn dazu benutzt hat, mir die ganze Welt ans Herz zu legen.«

Diese Sicht für die Welt bestimmte schon in den Kriegsjahren Dawsons Gedanken. Einer aus Dawsons Mitarbeiterteam erzählte, wie Cameron Townsend von den Wycliff-Bibelübersetzern 1943 in der ›Kirche der Offenen Tür‹ in Los Angeles sprach:

»Wir hatten eine Reihe von Matrosen aus Long Beach mitgebracht, um Herrn Townsend zu hören. Wir interessierten uns für sein missionarisches Anliegen für die

Volksstämme der Welt, die noch keine geschriebene Sprache und daher auch keine Bibel hatten. Es gab wohl an die 1000 Sprachen, die noch kein Alphabet hatten. Als Cameron Townsend gerade in der Mitte seines Referats angelangt war, sah er zu uns herüber und sagte: ›Daws, ich möchte, daß 500 deiner Matrosen ausgebildet werden, wenn sie ihren Militärdienst verlassen. Und ich möchte, daß du sie darauf vorbereitest, daß sie zu uns kommen und sich uns für dieses Wagnis anschließen.‹ Cameron machte eine kurze Pause, als ob er an diesem Abend schon ein Versprechen haben wolle. Daws sagte: ›Cameron, wenn es Gottes Wille ist, werden wir dir diese fünfhundert Männer schicken.‹ Darauf Cameron: ›Es *ist* Gottes Wille – du kannst schon mal Pläne machen, um diese Männer zu erreichen!‹«

Ein bekannter Baptistenpastor aus den Südstaaten Amerikas hatte folgende schöne Erinnerung an Dawson: »Ich stellte Daws an dem Morgen, als er starb, folgende Frage: ›Daws, was liegt dir auf dem Herzen?‹ Seine Antwort war einfach und doch sehr tief: ›Die Welt.‹ Ich habe noch nie gehört, wie ein anderer auf eine solche Frage so geantwortet hat. Ich wußte, daß er recht hatte. Und ich wußte auch, daß ihm an dem Tag, als er zum Herrn heimgerufen wurde, genau dies auf dem Herzen lag.«

»Damit alle es hören«

Nur sehr wenige Menschen haben eine Sicht für die ganze Welt. Wir neigen doch mehr dazu, uns nur auf unser Arbeitsgebiet zu konzentrieren und den Rest der Welt auszuschließen. Ein erfahrener Asienmissionar er-

zählte, wie Daws ihm klarmachte, daß sich der Missionsbefehl Jesu auf die ganze Welt bezog:

»An dem Abend, bevor ich als Missionar nach China
ausreiste, lud mich Dawson zu sich nach Hause in Süd-
Pasadena in Kalifornien ein. Ich kniete nieder und
betete, und Dawson legte seine Hände auf mich und
betete. Das war meine Bevollmächtigung von Gott und
von Dawson, als Gottes Botschafter nach China zu
gehen. Ich werde nie den Wortlaut von Dawsons Gebet
vergessen: ›Herr, ich bete, daß du diesem jungen Mann
das aufs Herz legst, was dir wichtig ist – *die Welt*.‹ Den
meisten Menschen, die er kannte, war nur ein bestimmtes Land, aber nicht die ganze Welt wichtig.

Ich ging mit dieser Sicht nach China. Ich war gerade
ein halbes Jahr dort, als die Kommunisten die Macht
übernahmen. Wir Missionare mußten alle das Land
verlassen und nach Hause zurückkehren. Dies war sehr
hart, denn um ein Mitglied einer Missionsgesellschaft zu
werden, mußte man glauben, daß Gott einen in ein ganz
bestimmtes Land wie z. B. China geführt hatte. Und jetzt
verschloß sich China für das Evangelium von Jesus
Christus. Hunderte von Missionaren, die von Gott nach
China berufen worden waren, mußten jetzt in inneren
Qualen dieses Land verlassen. Ich lobe den Herrn, daß
Dawson mir in mein Herz eine ›zweifache Sicht‹ einge-
pflanzt hat – die Fähigkeit, klarzusehen, wo ich gerade
für den Herrn arbeite, aber auch aufzuschauen und die
großen Erntefelder der Welt zu sehen, die reif zur Ernte
sind.«

Ein Lieblingsausdruck von Dawson war: »Greife immer nach noch höheren Zielen.« Hiermit wollte er sagen:
»Sei bereit für die nächste und übernächste Aufgabe,
nachdem du die kleine Aufgabe, an der du gerade

arbeitest, erledigt hast. Sei zufrieden, wo du gerade bist, aber sei immer für die Aufgabe bereit, die der Heilige Geist irgendwann später für dich vorgesehen hat.« Weil er so viele Stunden seiner Jugend in Billardhallen verbracht hatte, benutzte er oft einen anschaulichen Vergleich aus dem Billardspiel: »Denke schon an den zweiten und dritten Schuß. Plane schon dein nächstes Spiel ein.«

Dawson war davon überzeugt, daß diese Welt in seiner Generation für Christus erreicht werden könne. Sein Schlachtruf war: »Damit alle das Wort hören!« Er hatte Pläne, die groß und aufregend waren und manchmal sogar seinen Mitarbeiterstab und seine Freunde einschüchterten. Er glaubte, daß jede Kirche, jede christliche Organisation, jedes Glied am Leib Christi die Verantwortung habe, den Missionsbefehl Christi zu erfüllen.

Er war davon überzeugt, daß man die Welt am wirksamsten dadurch erreichen könne, daß man an der »Vermehrung der Jünger Jesu« arbeite. Diese Strategie bezog auch die Laien mit ein. Jeder konnte auf den Erntefeldern der Welt arbeiten, während noch mehr Glieder des Leibes geschult wurden, noch mehr Frucht für den Herrn zu bringen.

Auf dem nordamerikanischen Kontinent war Dawson schon ziemlich bekannt, aber in anderen Teilen der Welt war er noch relativ unbekannt. Er versuchte nie, Werbung für sich, sein Material oder seine Organisation zu machen. Es gab damals noch keine Public-Relations-Abteilung bei den Navigatoren. Sie sorgten ohne großes Aufsehen dafür, »Christus zu kennen und ihn bekannt zu machen«.

Obwohl Daws nie für sich selbst Werbung trieb, konnte er sehr engagiert Werbung für den Missionsbefehl Jesu machen. Ein Werkzeug Gottes zu sein, um andere Menschen auf der ganzen Welt dahin zu führen, ihr Bestes für Christus zu geben, das machte Dawson wirklich viel Freude! Seine Sicht für die Welt kannte keine Grenzen. Die Menschen, die ihm sehr nahe standen, griffen seine Pläne auf und waren mit ihm davon überzeugt, daß seine Ziele durchführbar waren.

Unser wichtigstes Ziel

»Was ist unser wichtigstes Ziel?« Diese Frage stellte Daws nacheinander an einzelne Christen, an christliche Gemeinden und an die Leiter von christlichen Werken. Vor seiner Bekehrung hatte Daws' Lebensziel darin bestanden, soviel Geld wie möglich zu verdienen, damit er es sich so schön wie möglich hier auf der Erde machen könne – ein Ziel, mit dem er beträchtlichen Erfolg hatte. Als Christus in sein Leben trat, bekam er ein völlig neues Wertsystem. Sein wichtigstes Ziel wurde es nun, so viele Menschen wie nur möglich für Christus zu gewinnen. In dem Versuch, die verlorene Zeit wettzumachen, stürzte er sich regelrecht in diese Aufgabe, ›Seelen zu gewinnen‹, hinein. Dies bedeutete für ihn damals zunächst, Namen von Menschen auf Karten zu sammeln und mit diesen Menschen einmal gebetet zu haben.

Es wurde Dawson jedoch bald klar, daß diese geschäftsmäßige Art des Evangelisierens einfach nicht sehr effektiv war. »Ich bekam den Schock meines Lebens«, dachte er später darüber nach. »Nach ein paar Monaten oder Jahren sah ich einige dieser Menschen wieder. Sie hatten sich auf keinen Fall zu Gott bekehrt – sie waren nur ›meine‹ Bekehrten gewesen. Ich hatte sie dazu gebracht, daß sie rein äußerlich etwas an sich vollziehen ließen und die richtigen Sätze sprachen, aber ihre Herzen waren nicht von der Gnade Gottes verändert worden.«

Nachdem Dawson dies erkannt hatte, begann er selbst mit einem intensiven Programm, um persönlich im Glauben zu wachsen. Seine Ziele waren das Auswendiglernen von Bibelversen und ein intensives Bibelstudium. Die Worte von D. L. Moody wurden sein neues Lebensziel: »Sei der Mann, den Gott gebrauchen kann.« In dieser Zeit wurden ihm noch andere Ziele wichtig, wie z. B.: »Sei Mitglied einer christlichen Gemeinde, die in Verbindung mit Gott und ihm zur Ehre lebt und deren Gemeindeglieder liebevoll, fürsorglich und gebefreudig sind.« Oder: »Christus kennen und ihn bekannt machen.«

Dann veränderte sich auch langsam der Inhalt dessen, was er andere lehrte. Dawsons Predigten und Referate Ende der 40er Jahre zeigen immer deutlicher, daß sein Ziel von da an hieß: »Jeder Mann und jede Frau sollen sich für Christus geistlich vermehren.«

Aber langsam erkannte er, daß selbst dieses Ziel noch nicht das wichtigste Ziel sein konnte, obwohl es die richtige Richtung ansteuerte.

Was ist das wichtigste Ziel für den Christen? Beginnend mit 1 Mo 12,3, daß »in dir gesegnet werden alle Geschlechter auf Erden«, erforschte Daws den Plan Gottes durch die Jahrhunderte; und der begann bei Abraham, der Geschichte des Volkes Israel, den Propheten, ging weiter mit dem Leben Jesu und gipfelte in Apg 1,8: »Ihr werdet meine Zeugen sein in Jerusalem und in ganz Judäa und Samarien und bis an das Ende der Erde.«

Das wichtigste Ziel der Christen, so wie Daws es sah, war, »jeden Menschen« mit dem Evangelium zu erreichen und Gott auf diese Weise Ehre zu bringen. Das *einzige* Hindernis, das er zur Erreichung dieses Ziels erkennen konnte, war der Unglaube. Im Mai 1948 dachte er: »Das ist eine riesige Aufgabe! Wir haben erst 1 Prozent davon geschafft, 99 Prozent bleiben uns noch zu tun. Wäre mein Herz nicht in Gott geborgen, würde ich die großen Nöte der Welt und das Schreien der Menschen überall sehen und es mit der Angst zu tun bekommen. Aber Gott liebt die Welt. Er begann die Weltmission mit zwölf Jüngern, die nicht sehr gut darauf vorbereitet waren, und sagte ihnen, daß die Welt ihre Gemeinde sein solle. Heute sind wir 1900 Jahre weiter, und ich weiß, daß die Aufgabe getan werden kann – mit seiner Gnade und Hilfe können wir sie schaffen. In den vor uns liegenden Jahren müssen wir in Amerika unsere Kräfte und unsere Mitarbeiter sammeln und damit beginnen, Menschen für das Missionsfeld vorzubereiten – und wir müssen bei unseren Gedanken an all diese lieben Menschen auch immer die Nacharbeit und die Durchsetzung unseres Zieles im Auge behalten.«

Durchsetzung des Ziels

Nur sechs Jahre vorher, zu Beginn des Zweiten Weltkrieges, hatte Dawson an seine Männer, die in den verschiedenen amerikanischen Militärbasen verstreut waren, folgendes geschrieben:

»Navigatoren, in Übereinstimmung mit der Schulung, die Gott Euch gerade jetzt an der Front für unser geliebtes Land gibt, und aufgrund der immer größer werdenden Verantwortung, die Ihr für die unerreichten Menschen empfindet, fordere ich Euch auf, Gottes Herausforderung anzunehmen. Wenn er Euch fragt: ›Wen soll ich senden?‹ sollt Ihr antworten: ›Herr, hier bin ich, sende mich!‹«

Dawson glaubte, das Gebot, den Missionsbefehl auszuführen, gelte jeder Generation. Er glaubte, daß die Jünger Jesu den Missionsbefehl in ihrer Generation im ersten Jahrhundert ausführten: »Nicht lange, nachdem ihnen der Missionsbefehl gegeben worden war, als die meisten der Männer, die mit Jesus auf dem Berg außerhalb Jerusalems gewesen waren, noch lebten, schrieb Paulus an eine kleine christliche Gemeinde in einem anderen Kontinent: ›Wir danken Gott allezeit für euch alle ... Denn von euch aus ist das Wort des Herrn erschollen nicht allein in Mazedonien und Achaja, sondern *an allen Orten* ist euer Glaube an Gott bekannt geworden, so daß wir es nicht nötig haben, etwas darüber zu sagen‹ (1 Thes 1,2.8). Denken wir daran, daß die Apostel mit ungefähr 120 Leuten die Arbeit begannen. Wie viele Christen haben wir heute? Es gibt allein in Amerika Zehntausende von Gläubigen. Fast jeder von ihnen hat eine Konkordanz und alle möglichen christlichen Bücher über die Bibel. Wir haben Radios, Kirchen, gute Ausbildungsstätten und Transportmöglichkeiten. Schaffen wir damit heute, was die Kirche in Thessalonich vor 2000 Jahren schaffte? *Nein!* Aber ich wage heute morgen, am 26. Juni 1949, zu behaupten, daß *wir es in unserer Generation schaffen können!*«

Daws zeigte auf, daß das Haupthindernis bei der Erfüllung des Missionsbefehls darin besteht, daß wir es versäumen, wirklich an Gottes Verheißungen zu glauben – und das läßt wiederum auf eine schwache oder überhaupt nicht vorhandene Gemeinschaft mit Gott schließen: »Es wird keiner dadurch zum Missionar, daß er einen Ozean überquert. Wenn du hier zu Hause den

Kampf um eine tägliche Stille Zeit nicht gewonnen hast, wirst du auch in Übersee nicht die Zeit und Disziplin dazu haben. Wenn du nicht hier im guten alten Amerika Sieg über Versuchungen gewonnen, einen Menschen für Christus erreicht oder dich darin geübt hast, in der Schrift zu studieren, dann gibt es keinen Anlaß zu der Annahme, daß dies wie durch ein Wunder 4000 Meilen von hier entfernt geschehen wird!«

Aber Dawson gab zu, daß auch in seinem Leben Jahre vergingen, bis er eine Schau für die ganze Welt gewann:

»Früher habe ich nie über eine Schau für die Welt gepredigt. Warum wohl nicht? Weil ich sie selbst noch nicht hatte. Mein Glaube war nicht groß genug dafür. Ich wollte sie haben, aber ich wußte nicht, wie und wo ich mir eine solche Sicht aneignen könnte. Mein größtes Problem bestand darin, daß ich nicht erkannte, daß Gott in der Lage war, es zu tun. Zu jener Zeit bat ich Walt, sich mir anzuschließen und mit mir jeden Morgen zwei Stunden vor Arbeitsbeginn und sonntags drei Stunden zu beten. Einhundert Stunden Gebet – man kann Gott in dieser Zeit um eine Menge Dinge bitten.

Natürlich haben wir nicht damit begonnen, Gott um große Dinge zu bitten. Aber am Ende beteten wir doch: ›Herr, erlaube uns, dir in *jedem Kontinent* der Erde zu dienen.‹ Wir wußten selbst nicht genau, um was wir Gott alles baten, aber Gott wußte es, und das allein zählt. Die Dinge kamen in Bewegung, als einer von uns – ich weiß nicht mehr, wer es war – zu dem anderen sagte: ›Laß uns doch mit einer Weltkarte beten.‹

Das veränderte meine ganze Sicht. Von da an, und das trifft heute noch viel mehr zu als früher, lautete mein Gebet: ›Bring uns, o Gott, eine Truppe von starken, stabilen Kämpfern des Kreuzes, die nur deine Ehre im Sinn haben.‹«

Daws erzählte dann, wie die Navigatorenarbeit in einer »kleinen Stadt« der Welt begann. Diese winzige Stadt war eine selbständige Einheit, die ihre eigene Elektrizitätsanlage, Wasserversorgung, Nahrungsmittelversorgung und ein unabhängiges Kommunikationssystem hatte. Ungefähr 100 Männer in dieser Stadt kannten den Herrn. Sie hatten den starken Wunsch, ihn bekannt zu machen. Dann wurde diese Stadt am 7. Dezember 1941 in einem Überraschungsangriff von den Japanern bombardiert. Viele Männer wurden getötet oder schwer verletzt. Die Stadt wurde völlig zerstört. Sie versank und wurde nicht mehr gesehen, aber diejenigen, die von diesen 100 Christen überlebt hatten, wurden in die ganze amerikanische Marine verstreut. Auch dort predigten sie das Wort Gottes und erreichten andere für Christus.

Diese »kleine Stadt« war das amerikanische Marinekriegsschiff »West Virginia«, und die Zerstreuung dieser Männer in den Kriegsjahren war die Strategie Gottes. Jahre später, als die Friedensverträge unterzeichnet wurden, gab es Hunderte von Männern, die bereit waren, Daws' Gebet zu beantworten, das er vor vielen Jahren in den Bergen Südkaliforniens gesprochen hatte.

Daws' Methode, seinen Zuhörern eine Schau für die Welt nahezubringen, bestand darin, eine Grundlage dafür aus der Bibel zu legen, denn er wußte, daß eine Herausforderung, die mit weniger Autorität ausgesprochen wurde, bald verfliegen und nur noch ein vergessenes Gefühl sein würde.

»*Wen* sollten wir zu erreichen versuchen, und *welcher Bereich* der Welt sollte unsere Gemeinde sein?« Sein Entwurf sah in groben Zügen etwa so aus:

Wen sollen wir erreichen?

Die Heiden	Ps 96,3
Die Völker	Jes 60,3.11
Alle Nationen	Röm 16,26

Wie weit sollen wir gehen?

Bis an das Ende der Erde	Apg 13,47
Bis in die äußersten Winkel	Apg 1,8
In alle Welt	Mk 16,15
Bis die Erde voll Erkenntnis des Herrn ist	Jes 11,9

Nachdem Dawson diese Punkte genannt hatte, erklärte er seinen Zuhörern, wie man diese riesige Aufgabe seiner Meinung nach praktisch verwirklichen könne:

»Wie sollen wir dies im 20. Jahrhundert tun? Sollen wir die Nationen der Welt mit ausländischen Missionaren überfluten? Wir Amerikaner haben in den vergangenen 150 Jahren schon über 10000 Missionare ausgesandt. Was brauchen wir, um diese Aufgabe wirklich gut zu erfüllen?

Wißt ihr, Leute, was eines unserer Hauptprobleme ist? In anderen Ländern der Welt sind wir *Ausländer*. Wir kennen weder ihre Sprache, ihre Kultur noch ihre Religion. Wir essen nicht wie sie, wir kleiden uns anders als sie. All diese Dinge sind Hindernisse.

Um zu wissen, was ein Kolibri denkt, müßte ich ein Kolibri sein. Nicht viel anders ist es, wenn es um China, Afrika, Lateinamerika oder Indien geht. Die Chinesen können ihre Landsleute viel besser erreichen als ein Kaukase. Wußtet ihr schon, daß die Bibel nirgends sagt, daß die Mitglieder der weißen Rasse die einzigen Missionare sein sollen?

Der Missionsbefehl wurde *jeder* Nation gegeben. Koreaner sollten eine Schau für die ganze Welt haben – nicht nur für Asien. Die ganze Welt gehört ihnen. Weniger ist nicht gut genug. Egal wo ich lebe, wo ich geboren und aufgewachsen bin, ich soll ein ›Werbeoffizier‹ für die Bedürfnisse der ganzen Welt werden. Dies ist der Befehl, der mir täglich gilt.

Es beginnt damit, daß einem ein Mensch wichtig wird. Junge Leute, ihr werdet keine Schau für die Welt haben, bevor ihr nicht einen einzelnen Menschen in euer Blickfeld bekommt. Ihr habt das schon einmal von mir gehört, aber es ist es wert, daß ich es immer wiederhole: Ihr werdet nie eine Vision für die Welt haben, wenn ihr keine für ein Land habt. Ihr werdet keine Schau für ein Land haben, wenn ihr keine für eine Stadt habt. Dieser eine Häuserblock in einer Straße kommt nicht in eure Sicht, wenn ihr nicht zuerst ein Haus seht. Ihr werdet nie Augen für eine Familie haben, wenn ihr nicht auf eine Person seht!«

Dies brachte Dawson natürlich wieder zu der persönlichen Evangelisation und zu dem Konzept der persönlichen Nacharbeit und der geistlichen Vermehrung des einzelnen Christen. Dawson forderte die Menschen auf, für das Missionsfeld in ihrer eigenen Familie, ihrer Nachbarschaft, ihrer Stadt, ihrer Arbeitsumgebung und ihrer Gemeinde zu beten. Er selbst hatte damit begonnen, die Menschen in seiner unmittelbaren Umgebung zu evangelisieren – die Soldaten der amerikanischen Marine. Und davor waren es die Jungen in seiner Sonntagsschulklasse und die Teenager im EC gewesen. Er sagte immer: »Beginne da, wo du gerade bist, und Gott wird deinen Dienst für ihn erweitern.« Er zitierte auch gerne folgenden Satz: »Du bist verantwortlich für die *Tiefe deines Lebens*; übergib Gott die Verantwortung für den *Umfang deiner Arbeit für ihn.*«

Daws glaubte, daß das Gebet Macht besitzt, Menschen diese Sicht für die Welt zu geben. »Darum bittet den Herrn der Ernte, daß er Arbeiter in seine Ernte sende« (Mt 9,38). Die Menschen, die Jesus aufforderte, so zu beten (in Kapitel 9), waren auch diejenigen, die er aussandte (Kapitel 10). Daws betonte deshalb ständig die Bedeutung des Gebets, um eine Leidenschaft für die Erreichung der Welt für Christus zu bekommen:

»Es ist herrlich, wenn man einige Bibelverse mit sich führt, die man in sein Leben umzusetzen versucht. Es ist aufregend, einem Mann oder einer Frau zu begegnen, die sich Methoden erarbeitet haben, wie sie auch schwierige Bibelstudien diszipliniert machen können. Aber zeige mir deine *Gebetsliste*, und dann weiß ich sehr bald, wie tief und weit dein geistliches Leben ist. Die Gebetsliste eines Menschen zeigt, ob er eine Sicht für die Welt hat. Hier liegt unser Herz. *Wofür du betest, zeigt, wofür du lebst.*«

Als Dawson am 19. April 1948 in Hongkong ein Flugzeug bestieg, um nach Amerika zurückzufliegen, hinterließ er viele neue und alte Freunde in China. Andrew Gih, der bei den meisten Veranstaltungen als sein Dolmetscher diente und den er mit der Zeit sehr liebgewonnen hatte, übernahm die letzten Veranstaltungen in Chengtu, als Daws mit einer Vergiftung im Krankenhaus lag. Daws schrieb von jenen Tagen im Krankenhaus:

»Ich bin deprimiert, aber nicht verzweifelt. Glaubt mir, ich klage nicht. Ich habe genug Leid bei Menschen gesehen, die nicht mehr auf eine Heilung hoffen können, so daß ich nie wieder klagen möchte.

Welch ein Vorrecht, bei Dick Hillis und seiner wunderbaren Familie zu wohnen. An meinem letzten Tag bei ihnen hörte ich ein kleines Gebet, das in meinen Ohren wohl immer nachklingen wird. Wir waren gerade mit dem Frühstück fertig, als sie ihre kleine sechsjährige Tochter baten, ein kurzes Dankgebet zu sprechen. In ihrer typischen Art betete sie für alle, an die sie denken konnte, auch für Herrn Trotman. Und dann sagte sie zum Schluß ungefähr folgendes: ›Lieber Gott, wir wissen, daß es sehr viele Menschen im Himmel geben wird, aber, Gott, wir wollen, daß es noch viel mehr werden!‹«

»Wir wollen, daß es viel mehr werden!« Dies war die alles verzehrende Leidenschaft in Dawsons Leben und in seinem Dienst für Gott.

Im Hinblick auf seine zweifache Sicht für den einzelnen in nächster Nähe wie auch für die Massen der Welt, schrieb Daws unter anderem folgendes:

»Es gibt Millionen von dürstenden Seelen. Es gibt genügend Wasser in dem ›Brunnen des Heils‹, um den Durst dieser Menschen zu löschen. Gott ist auf der Suche nach Gefäßen, durch die er ihnen dieses lebendige Wasser bringen kann. Der äußere Wert des Gefäßes oder das anscheinende Fehlen eines besonderen Wertes ist nicht so entscheidend. Das einzige Gefäß, das Gott gebrauchen kann, damit es dieses lebendige Wasser zu den sterbenden Seelen bringen kann und ›brauchbar für den Meister ist‹, ist ein Gefäß, das zuerst von aller Sünde gereinigt und dann von sich selbst entleert ist.

Vielleicht kann diese Wahrheit am besten durch ein einfaches Beispiel verdeutlicht werden. Wir wollen uns einmal einen glasklaren, kühlen Strom lebendigen Wassers vorstellen, der neben einem breiten Weg fließt. Da kommt ein müder, abgekämpfter und durstiger Reisender daher. Er sieht das Wasser, aber das Flußbett liegt so tief, daß es ihm unmöglich ist, den Strom mit seinem Mund zu erreichen. Da sieht der Reisende auf einmal drei Gefäße: einen goldenen Pokal, einen silbernen Krug und einen Becher aus Zinn.

Nachdem er alle drei untersucht hat, entdeckt er, daß der goldene Pokal mit etwas anderem gefüllt ist. Der silberne Krug ist zwar leer, er scheint zum Gebrauch bereit zu sein, aber er ist innen sehr verschmutzt. Nur der Becher aus Zinn ist sauber und leer. Wir überlassen es Ihnen, zu entscheiden, welches der drei Gefäße der durstige Mann wählte. Um diese große Wahrheit ganz zu verstehen, sollten Sie über folgende Bibelstellen nachdenken: Apg 24,16; 2 Tim 2,20.21; 1 Kor 1,26–30. Welche Art von Gefäß sind Sie?«

Herr, wenn hier etwas gesagt worden ist, das von dir kommt und das du diesen Menschen hier sagen möchtest, dann hilf bitte, daß es haften bleibt und ein Bestandteil ihres Lebens wird.

Dawson Trotman

12. KAPITEL:

Eine letzte Botschaft

Am 18. Juni 1956 ging Dawson Trotman wie in einem Triumphzug in die Gegenwart des Herrn ein, während er eine junge Frau vor dem Ertrinken in dem eiskalten Wasser des Schroon-Sees im Staat New York rettete.

Das folgende, gekürzte Referat hielt Daws bei einer Konferenz der Navigatoren in Glen Eyrie, Colorado, am 14. Juni 1956 – nur vier Tage vor seinem Tod. Diese Ansprache spiegelt die Anliegen wider, die ihm ganz besonders auf dem Herzen lagen. In gewissem Sinne sind sie eine Zusammenfassung der Arbeit der Navigatoren. Heute, dreißig Jahre danach, gibt dieses Referat immer noch einen Überblick über die grundlegende Ausrichtung der Navigatoren.

Der »Große Bär« oder der »Große Bagger«

»Ich möchte Ihnen von einem kleinen Erlebnis erzählen, das sich auf einer meiner Reisen um die Welt im Mai 1948 zugetragen hat.

Ich war in Paris und hatte eine Verabredung mit Stacey Woods, dem Leiter von Inter-Varsity Fellowship. Als ich ihn in den Straßen von Paris traf, war es schon fast Mitternacht. Noch ehe es 3 Uhr morgens war, waren wir dreizehnmal von jungen Frauen auf der Straße angesprochen worden. Da wurde mir bewußt, daß es geistlich nicht sehr gesund war, abends allein auf der Straße zu sein.

Ich durfte einen weiteren Tag in Paris bleiben. Ich gab also diese Nacht dem Herrn. Ich entschloß mich, auf die Dachterrasse des George-V-Hotels zu gehen. Mit den Decken und einem Kissen von meinem Bett machte ich mir dort ein Plätzchen zurecht. Es war eine wunderbare, sternenklare Nacht. Ich lag auf dem Rükken, schaute in den Himmel und redete mit dem Herrn. Die Nacht war weder zu kühl noch zu warm. So konnte ich einfach dort oben bleiben und über den Himmel und den nachdenken, der all dies erschaffen und allen Sternen einen Namen gegeben hatte.

Während ich so die Sterne betrachtete und nachdachte, betete ich und dachte über einige Bibelstellen nach. Ich ließ Gott durch sein Wort zu mir sprechen. Mein Gebet lautete etwa so: ›Herr, gibt es etwas in der Arbeit der Navigatoren, das wir zu tun versäumen oder das dir mißfällt? Tun wir etwas, das du uns gar nicht aufgetragen hast? Was machen wir, das dir Freude bereitet?‹

Zufällig sah ich gerade auf den großen Himmelswagen, der ›großer Bagger‹ heißt. Ich sah mir diese sieben Sterne genau an: vier von ihnen bilden den Wagen, drei den Griff. Als ich so nachdachte, kam mir eine Idee. Ich habe ja immer gedankliche Bilder benutzt, um mich besser an gewisse Dinge erinnern zu können – man kann sich zum Beispiel besser an das geisterfüllte Leben als Christ mit Christus im Mittelpunkt erinnern, wenn man das Bild des Rades sieht. Als ich nun den Himmelswagen ansah, habe ich dieses Prinzip – das Rad – auf den obersten Stern des ›Großen Baggers‹ übertragen. Er trägt das Gewicht zwischen dem Griff und dem Wagen. Er ist der Hebel, der das Scharnier in Bewegung setzt und die Last des ganzen Wagens trägt.

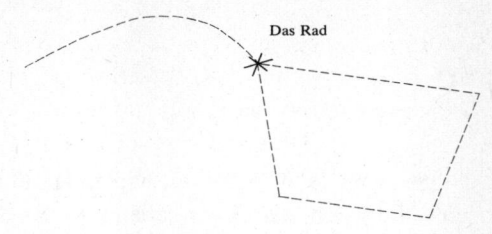

Das Rad

Dann fielen meine Augen auf den Stern genau darunter. Ich dachte: Wir wissen um die wichtigsten und grundlegenden Dinge wie das Wort Gottes, das Gebet, den Gehorsam und das Zeugnis. Wir bei den Navigatoren betonen besonders das Wort Gottes. Wir reden mit Hilfe des Beispiels der Hand von den fünf Arten, wie man die Heilige Schrift ›in den Griff bekommt‹ – man lernt sie kennen durch Hören, Lesen, Studieren, Auswendiglernen und indem man über sie nachdenkt. Jede dieser fünf Tätigkeiten ist unabhängig, und doch hängen die fünf voneinander ab. Wenn eins fehlt, dann hat man eine verunstaltete Hand. Wir brauchen alle fünf Arten, die Bibel in uns aufzunehmen, wenn wir als ›Soldaten des Kreuzes‹ richtig mit dem Schwert des Geistes kämpfen wollen.

Diese ersten beiden Sterne sind die Hauptstütze unserer Arbeit – das ausgeglichene Leben des Christen, das sich um den Herrn Jesus Christus ›dreht‹, und die vorrangige Bedeutung des *Wortes Gottes*. Ohne diese beiden gibt es keine Frucht für Gott.

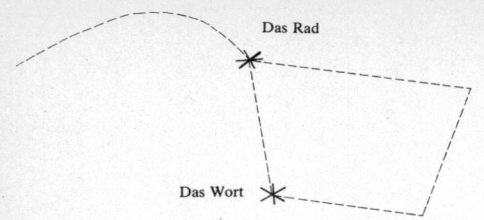

Das Rad

Das Wort

Dann dachte ich: Was betonen wir noch bei den Navigatoren? Natürlich: das Evangelisieren. Es ist der Herzschlag unseres Dienstes. Wie bei dem Wagen, den ich am Himmel sah, ist der dritte Stern die Schaufel. Sie ist die Pflugschaufel, mit der man gräbt. Ohne die Evangelisationsarbeit hat man gar nichts. Sie ist die Schnittkante. Unser Ziel ist es, daß jungbekehrte Christen lernen, wie man andere für Christus erreichen kann. Wenn sie sich nicht geistlich vermehren, wären sie ja als unfruchtbare Christen geboren. Noch bevor wir mit Billy Graham bei seinen Großevangelisationen überall in der Welt zusammenarbeiteten, haben wir uns sehr für die Evangelisationsarbeit in verschiedenen Formen eingesetzt – ob nun von Mann zu Mann, in kleineren Gruppen oder in Großveranstaltungen oder in jeder anderen Art von Evangelisationsarbeit, die in der Bibel vorgeschlagen wird oder die der Herr gerne segnen möchte. Was immer es sein mag, wir sind dafür!

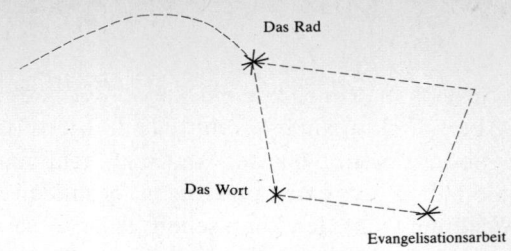

Man schaufelt mit einer Schippe, aber was braucht eine Schippe oder Schaufel noch, damit sie zu einem richtigen Bagger wird? Wir brauchen eine Hinterwand, damit der Inhalt des Baggers nicht herausfällt. Man braucht etwas, das das festhält, was man gerade aufgeschaufelt hat. Dies ist der vierte Stern, den ich in dieser Nacht in Paris sah.

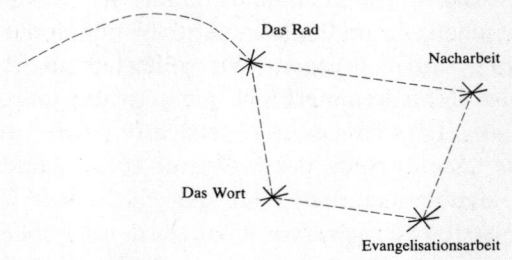

Was die Leute, die Sie einmal zu Christus geführt haben, bei der Stange hält, ist Nacharbeit. Ich weiß, daß es vielen von Ihnen bekannt ist, daß die Navigatoren sehr stark dieses Bewahren der Früchte der Evangelisationsarbeit betonen.

Mit Nacharbeit meinen wir nicht, daß wir einfach den Namen eines Neubekehrten an seine Kirche schicken oder daß wir ein kurzes Gebet mit ihm sprechen. Nacharbeit ist eine Haltung, ein Prozeß – sie verlangt Engagement und Hingabe.

Wir beginnen mit der Nacharbeit in dem Augenblick, wo jemand Christus sein Leben übereignet hat. Dieser Neubekehrte ist jetzt noch wie ein Baby. Wir beginnen unsere Arbeit ähnlich wie eine Mutter mit ihrem Baby, wenn es geboren wird. Nun, der Arzt sagt nicht einfach zu ihr: ›Sie haben hier einen prächtigen, gesunden Jungen zur Welt gebracht. Ich kann sehen, daß Sie sich um ihn nur etwa eine Woche kümmern müssen. Lassen Sie mal sehen, heute ist Sonntag. Bleiben Sie ruhig hier sitzen, junge Mutter. Aber denken Sie daran, nächsten Sonntag wieder zu kommen, und wir werden sehen, wie es ihrem Baby dann geht.‹ Warum ist es bei uns so, daß wir einen neugeborenen Christen eine ganze Woche allein lassen, bis er zum nächsten Gottesdienst oder Treffen kommt – wenn er dann kommt? Wer wird sich in der Zwischenzeit um ihn kümmern? Natürlich der Teufel! Und er wird nicht sagen: ›Wir wollen fair miteinander umgehen. Man kümmert sich nicht richtig um dieses arme Baby. Ich werde es bis übernächste Woche Montag in Ruhe lassen.‹ Nein, das wird ganz anders laufen.

Wir glauben an den Wert der Nacharbeit. Diese beiden letzten Sterne vervollständigen den ›Großen Bagger‹, und sie, die Evangelisation und die Nacharbeit, sind das, was wir geistliche Vermehrung nennen. Aber es kann erst geistliche Vermehrung geben, wenn der Geist in einem Leben Frucht bringt. Das Gebäude muß auf einem Fundament aufgebaut werden. Diese vier Sterne bilden das, worauf man im Leben als Christ und im Dienst für Gott das Hauptgewicht legen sollte.

Wir haben also jetzt einen Bagger. Ich liege immer noch auf dem Rücken auf diesem Hoteldach – ich schaue einfach nach oben und denke nach. Dabei gehen meine Gedanken jetzt zu den drei Sternen am Griff dieses

Sternengebildes. Wie könnten diese drei Sterne nun heißen? Ja, wir betonen sehr stark das geisterfüllte Leben als Christ, in dem Christus im Mittelpunkt steht. Wir versuchen immer, Menschen dazu zu bewegen, eine regelmäßige Stille Zeit mit Gott einzuhalten, im Wort Gottes zu lesen. Wir kämpfen darum, sie anzuleiten, das Evangelium anderen weiterzusagen und sich um die Menschen zu kümmern, die sie für Christus gewonnen haben. Was halten wir noch für grundlegend? Was gibt es noch, für das wir bereit wären, unser Leben hinzugeben?

Ein Gedanke kam mir sehr in den Sinn – der Gedanke des Christen als Wegbereiter. Dadurch erhalten das Fruchtbringen für Christus und die geistliche Vermehrung eine bestimmte Richtung. Ich weiß, daß ›Wegbereiter‹ eigentlich ein schwaches Wort ist. Lassen Sie uns an ein oder zwei andere Wörter denken. Wie wäre es mit: ›ein Beispiel geben‹, oder: ›Dein Leben – die Verkörperung der ersten vier Sterne‹? Andere Wörter, die man in diesem Zusammenhang vielleicht benutzen könnte, wären ›Vorbild‹, ›Modell‹ oder ›Prototyp‹.

Ich möchte Ihnen einige Bibelstellen dazu geben. Lassen Sie mich mit Mt 4,19 anfangen. Jesus sagte nicht zu seinen Jüngern: ›Nun hört mir mal schön zu, und ich werde Menschenfischer aus euch machen.‹ Was sagte er ihnen? Nicht: ›Hört auf mich‹, sondern: ›Folgt mir nach‹. Mit anderen Worten, wir lernen durch das Sehen, nicht nur durch das Hören. Das ist eines der Probleme unserer heutigen Bildung. Wir sitzen zwölf Jahre in der Schule und hören zu. Aber Lehren ist für mich nicht nur, daß man etwas erzählt, sondern es bedeutet auch, daß man etwas zeigt oder vorlebt.

Hier ist ein hervorragender Vers in der Bibel zu diesem Thema – Phil 4,9. Hören Sie einmal genau hin – dies ist

Dynamit: ›Was ihr gelernt und empfangen und gehört und *gesehen habt an mir*, das tut; so wird der Gott des Friedens mit euch sein.‹ Liebe Leute, das ist das Leben eines Christen. Hätten Sie als Lehrer lieber einen Menschen, der nur wenig von der Bibel weiß, dies aber in seinem Leben in die Tat umsetzt, oder einen Menschen, der die Bibel von 1. Mose bis zur Offenbarung in- und auswendig kennt, sie aber nicht auslebt? Ich glaube, die meisten würden lieber den Mann nehmen, der wenig weiß, es aber im Leben verwirklicht! Das ganze Wort Gottes betont diesen Aspekt. Aber es darf auch nicht ein Entweder-Oder sein. Ich möchte lieber beides haben. Ich hätte gerne einen Mann, der die Bibel von Anfang bis Ende kennt *und* sie auch auslebt!

Paulus, der großartige Lehrer, Evangelist und Apostel, sagte: ›Was ihr gesehen habt an mir, das tut.‹ Jemand hat einmal gesagt: ›Ich würde lieber jeden Tag eine Predigt *sehen*, als eine hören. Ich hätte lieber, daß du den Weg mit mir gemeinsam gehst, als daß du mir nur die Richtung zeigst. Das Auge ist ein besserer Schüler und nimmt bereitwilliger etwas auf als das Ohr. Gute Ratschläge sind oft verwirrend, aber ein Vorbild ist immer eindeutig.‹

Ich mag das sehr, und doch ist es so leicht, einfach ›in die Schule zu gehen und eine Menge von Fakten einzupauken‹, und dann zu versuchen, anderen diese Fakten mit dem gesprochenen oder geschriebenen Wort zu vermitteln. Jesus verhielt sich nicht so. Er führte andere Menschen durch sein Vorbild. ›Denn dazu seid ihr berufen, da auch Christus gelitten hat für euch und euch ein Vorbild hinterlassen, daß ihr sollt nachfolgen seinen Fußtapfen‹ (1 Petr 2,21). Mir fällt es viel leichter, mit Sündern zu reden, weil Jesus mir dies vorgelebt hat. Das verändert alles. Das ist auch mit dem Bild vom Christen gemeint, der anderen durch sein vorbildhaftes Leben den Weg bereitet.

Ich möchte Ihnen noch einen anderen Vers zu diesem Thema nennen. In 1 Thes 1,5 steht: ›Denn unsere Predigt des Evangeliums kam zu euch nicht allein im Wort, sondern auch in der Kraft und in dem Heiligen Geist und in großer Gewißheit.‹ Sie kam deswegen ›in großer Gewißheit‹, weil die Thessalonicher wußten, ›wie wir uns unter euch verhalten haben um euretwillen‹. Man wird natürlich nie alles, was man uns sagen hört, auch in unserem Leben verwirklicht sehen, aber man wird genug sehen, um zu wissen, ob wir ›echtes Silber‹ sind oder nur ›versilbert‹.

Ich möchte noch einen Bibelvers nennen – 1 Kor 11,1: ›Folgt meinem Beispiel, wie ich dem Beispiel Christi.‹ Paulus wußte, daß er dem Herrn nachfolgte. Und er wußte, daß die Korinther, wenn sie seinen Fußtapfen folgten, auch in den Fußtapfen Jesu gehen würden. Paulus zu folgen, war gleichbedeutend mit dem Gleichschritt mit Jesus Christus. Ich kann diesen Vers nicht oft zitieren, aber er ist ein Ziel. Er sollte der Wunsch jedes ›guten Vaters‹ und jeder ›guten Mutter in Christus‹ sein. Er ist das Herzstück einer guten christlichen Lehre.

Wie gut fänden Sie es, wenn alle Christen, die durch Sie den Herrn Jesus Christus gefunden haben und nun im Glauben wachsen, dieselben Stärken und Schwächen hätten wie Sie? Wenn Sie wüßten, daß dies so wäre, würden Sie dann nicht ein bißchen an Ihren Schwachpunkten arbeiten? Ein Vater hörte zufällig, wie sein kleiner Sohn einem Freund erzählte: ›Wenn ich erwachsen bin, möchte ich einmal so sein wie mein Vati!‹ Ob es sich nun darum handelt, ein Leben als Christ zu führen, in dem Christus im Mittelpunkt steht, oder um eine konsequente Hingabe an das Wort Gottes, oder darum, täglich die ›Schnittkanten‹ der persönlichen Evangelisationsarbeit zu schärfen oder mehr Disziplin darin zu üben, meine Bekehrten so lange zu betreuen, bis sie eine gewisse Reife in Christus erreicht haben – alle diese Dinge erfordern von uns, daß wir als Christen wirklich vorbildhaft leben und so Wegbereiter für andere sind.

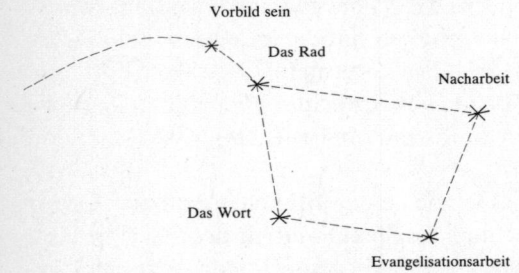

Dann fragte ich mich weiter: ›Herr, welche andere große Sache liegt dir am Herzen?‹ Da kam mir der Bibelvers in den Sinn: ›Ein jeder sei gesinnt wie Jesus Christus auch war.‹

Ich hatte dort oben auf dem Dach keine Bibel bei mir, aber ich hatte viele Bibelstellen in meinem Herzen. Das ist wirklich eine große Hilfe! Wenn wir die Bibel im Herzen haben, ist sie 24 Stunden am Tag bei uns, ob wir uns nun in einem kommunistischen Gefangenenlager befinden, auf einem dunklen Weg gehen oder auf dem Dach eines Hotels in Paris liegen. ›Ein jeder sei gesinnt wie Jesus Christus auch war.‹ Der Textzusammenhang kam mir auch in den Sinn. Ja, das ist etwas, das wir bei den Navigatoren betonen; wir wollen anderen dienen. Die Verse direkt vor Phil 2,5 standen ebenfalls hell und klar vor mir – wie der mittlere Stern an dem Griff des

›großen Baggers‹. Schreiben Sie sich diese Verse in Großbuchstaben ins Gedächtnis, denn sie beschreiben das, was im Leib Christi wirklich fehlt. Der Herr machte mir diese Sache, die ich in den Versen 3 und 4 fand, so sehr zu einer Last, daß ich kaum die Tränen zurückhalten konnte. Ich bin dankbar, daß wir in unserer Arbeit schon begonnen haben, dies zu verwirklichen, aber eben noch nicht genug. Es liegt noch am Rande und ist nicht Mittelpunkt der Arbeit: ›Tut nichts aus Eigennutz oder um eitler Ehre willen, sondern in Demut *achte einer den anderen höher als sich selbst.*‹

Kennen Sie jemanden, der glaubt, daß andere (Kirchen, Organisationen, christliche Werke, Gemeinschaften, Missionsgesellschaften) besser sind als er selbst? Dieser Vers kann uns wirklich von aller Kritiksucht heilen: ›Achte einer den andern höher als sich selbst.‹ Der nächste Vers heißt: ›Ein jeder sehe nicht auf das Seine, sondern auch auf das, was dem andern dient.‹ Das bedeutet auch, auf das zu sehen, was andere tun – was sie sagen, ihre Pläne und ihre Arbeit. Wir neigen doch dazu, zu glauben, daß unsere Bekenntnisgemeinschaft höher steht und daß alle anderen minderwertig sind. Wir ›wissen‹, daß die Methodisten besser als alle anderen sind – weil wir Methodisten sind. (Das gleiche trifft auf die Baptisten, Lutheraner, Katholiken usw. zu.) Sie werden nie jemanden sagen hören, daß *die anderen* Konfessionen besser sind.

Genauso fühlt sich auch jede Nation. Wir alle sind überheblich und fühlen uns besser als die anderen. Das liegt an unserer menschlichen Natur, es ist ein Teil unseres Erbes. Trotzdem sind in Gottes Augen die Menschen alle gleich. Der Gelbe ist nicht besser als der Schwarze oder der Weiße – der Weiße ist auch nicht besser als irgendein anderer Weißer. Aber versuchen Sie einmal, sich selbst davon zu überzeugen, oder noch schlimmer, versuchen Sie andere dazu zu bewegen, dies wirklich zu glauben.

In dieser Nacht in Paris erfüllte der folgende Gedanke meinen Verstand und mein Herz: Die Navigatoren müssen nicht nur für ihre Organisation arbeiten oder versuchen, ihre Sache aufzubauen, sondern müssen für die Gemeinde Jesu arbeiten – nicht für *eine* bestimmte Kirche, sondern für *die* Kirche, für alle Kirchen. Vielleicht stimmen wir mit gewissen theologischen oder lehrmäßigen Ansichten nicht überein oder mit der Art, wie Gott dort angebetet wird. Aber wir sollten uns hinter jede Kirche stellen, wo Jesus Christus der Herr ist. Wenn wir von einem anderen christlichen Werk oder einer Arbeit hören, sollten wir uns die Zeit nehmen, herauszufinden – nicht, was bei ihr nicht in Ordnung ist, sondern was richtig ist; wir sollten sie ermutigen und helfen, wo wir nur können. Wir haben dies bei den Navigatoren betont, aber noch nicht annähernd genug.

Ich schrieb einmal auf ein Blatt Papier, was es mich kostet, diesen Aspekt zu betonen, und auf diesem Zettel stand:

> Mitglied des Leitungsteams der Wycliff-Bibelübersetzer
> Sommer-Sprachschule
> Missions-Flugdienstgemeinschaft
> Missionarischer Kommunikationsdienst
> Internationale Vereinigung der christlichen Studenten
> Jugend für Christus
> Billy-Graham-Team.

Jede Beteiligung an diesen anderen Werken bedeutet ein bis drei Reisen im Jahr. Das hat alles nichts mit den Navigatoren zu tun, aber es ist die Sache des Königs, und für ihn arbeiten wir. Es kostet uns einiges, aber Spr 11,24–25 stimmt eben auch: ›Einer teilt reichlich aus und hat immer mehr; ein andrer kargt, wo er nicht soll, und wird doch ärmer.‹

Gott läßt sich eben nichts schenken. Im Jahre 1950 sollte ich eine Weltreise machen, die 3100 Dollar kosten sollte. Wir hatten nicht einen Dollar dafür, als ich die Fahrkarte bestellte. Das Wochenende stand vor der Tür. Ich mußte entweder das Geld haben, oder das Reisebüro würde die Buchung streichen. Ich betete und wartete auf den Herrn. Wir waren gerade in Washington bei einer Großevangelisation von Billy Graham; wir halfen bei der Seelsorge und Nacharbeit mit. Am Samstagnachmittag rief mich Billy in sein Hotelzimmer: ›Dawson, du mußt ziemlich viel in der Welt herumreisen, oder?‹

›Ja, ich soll Dienstag wieder einmal eine längere Reise unternehmen.‹

›Hast du schon dein Ticket?‹

›Noch nicht – mir fehlt noch das nötige Kleingeld.‹

Billy dachte einen Augenblick nach und sagte dann: ›Weißt du, was wir tun werden? Ich werde dich heute abend nach der regelmäßigen Kollekte auf das Podium rufen. Du wirst ein kurzes Zeugnis geben, und ich werde den Leuten sagen, was du in den kommenden Wochen überall in der Welt zu tun haben wirst. Wir sind jetzt schon seit drei Wochen hier in Washington und haben noch nie solch einen Spendenaufruf gemacht. Wir werden eine bescheidene Spende für dich und deine Arbeit einnehmen.‹

Das war wirklich toll. Billy hat mich nach oben gebeten

und ein paar nette Worte gesagt. Dann sagte er den Zuhörern, daß er es gerne sehen würde, wenn sie dabei helfen könnten, mich nach Übersee zu senden. ›Herr Trotman wird sich hier vorne aufhalten. Sie können nach vorne kommen, ihm die Hände schütteln und ihm etwas für seine Reise in die Hand drücken.‹

Die ersten 50 Leute, die nach der Veranstaltung zu mir nach vorne kamen, waren süße kleine ›Backfische‹, denen ich in das Liederbuch der Evangelisation ein Autogramm schreiben sollte. Sie hielten mich vierzig Minuten in einer Ecke fest. Keine Chance, daß jemand mir etwas geben konnte!

Dann rettete mich ein stämmiger Bursche und sagte: ›Komm mal rüber und sieh dir das an.‹ Da war ein Koffer mit einem Haufen Geld. Es kamen immer noch Leute, die etwas hineinwarfen, obwohl die Veranstaltung schon seit über einer Stunde vorbei war. Sie gaben mir eine Polizeieskorte bis zum Hotel, weil ich diesen Koffer mit 2700 Dollar in Kleingeld und kleinen Scheinen dabei hatte.

Als ich dann auf meinem Hotelbett saß und das Geld zählte, dachte ich: ›Ist das nicht seltsam, daß der Herr mir 2700 statt der erforderlichen 3100 Dollar schickt? Er hätte mir an diesem Abend sehr leicht die ganze Summe geben können, so wie er 5000 Menschen mit fünf Broten und zwei Fischen satt machen konnte.‹

Aber Gott wußte, daß ich mein Ticket erst am Montagmorgen kaufen mußte, und Sonntag war ein Treffen der Mitarbeiter bei dieser Großevangelisation. Viele von ihnen sagten mir: ›Herr Trotman, gestern abend waren da so viele Leute, und ich wollte persönlich mit Ihnen reden. Deshalb habe ich bis heute gewartet, um Ihnen etwas zu geben.‹ Am späten Nachmittag, als ich wieder in meinem Hotelzimmer war, zählte ich, was sich in meiner rechten Manteltasche befand. Dreimal dürfen Sie raten, wieviel ich da in meiner Hand hatte. Richtig – 400 Dollar. Die Gesamtsumme waren die erforderlichen 3100 Dollar!

Wir setzen unsere Zeit und Kraft für diese anderen Werke Gottes ein, und Gott sieht dies vom Himmel und sagt: ›Dawson, ich lasse mir nichts schenken.‹

Liebe Mitarbeiter, engagiert euch nicht in der Arbeit der Navigatoren, wenn damit alles stehen und fallen soll. Wenn ihr mit Leib und Seele dem Volk Gottes dienen wollt, dann seid auch für andere Organisationen offen, die den Herrn lieben. Wir wissen, daß Gott dies am Herzen liegt und es seinem Willen entspricht. Und wo es etwas gibt, das nicht seinem Willen entspricht, oder wo ich herausfinde, daß er etwas nicht mehr will, da werde ich es auch nicht mehr tun wollen. Mein Herz bleibt offen für Gottes Führung.

Glauben Sie, daß der Herr Sie enttäuschen wird, wenn Sie versuchen, einigen der Anfragen von christlichen Gruppen nachzukommen? Er kann Sie nicht enttäuschen! Besonders dann nicht, wenn wir seinem Wort gehorchen.

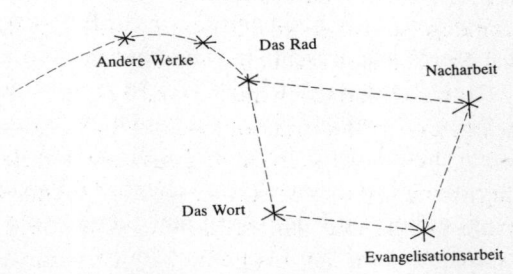

Vorbild sein

Andere Werke

Das Rad

Nacharbeit

Das Wort

Evangelisationsarbeit

Lassen Sie mich Ihnen noch etwas von dem letzten Stern erzählen, der ganz am Ende des Griffes des ›Großen Baggers‹ liegt. Ich war jetzt schon 2 oder 3 Stunden dort oben auf dem Hoteldach, merkte aber nichts von der kühler werdenden Nachtluft. Ich sagte zu mir: ›Dieser letzte Stern müßte die Sicht für die Welt sein. Man kann im Glauben nicht weiter kommen, als eine Sicht für die Welt zu gewinnen.‹ Dies ist der siebte Aspekt, den wir in unserer Arbeit betonen und den Gott mir an diesem Abend aufs Herz legte. Nicht aus dem Grund, daß Sieben eine vollkommene Zahl ist oder daß es nur sieben grundlegende Punkte in unserer Arbeit gibt und keinen mehr. Ich denke, daß es noch viele andere wichtige Dinge gibt. Wir sind erst dabei, alles zu lernen, was Gott uns zeigen will. Wir sollten uns nie vor dem verschließen, was ihm auf dem Herzen liegt.

Wir lehren die Sicht für die Welt auf der Grundlage der ganzen Bibel, der letzten Worte Jesu und Apg 1,8. Im Missionsbefehl wird uns gesagt, daß wir das Evangelium jedem Menschen bringen sollen.

Sind Sie je auf den Gedanken gekommen, daß Sie eine Sicht für die ganze Welt haben sollten? Gott möchte, daß jeder von uns mehr als nur ein lockeres und gelegentliches Interesse für jede Nation der Welt bekundet. Wir sollten überlegen, welchen Beitrag wir zur Erfüllung des Missionsbefehls leisten können. Die Navigatoren arbeiten in vielen Ländern der Welt. Es ist unser Ziel, in jedem größeren Land der Welt unseren Dienst zu leisten. Wir wollen keine neue Missionsgesellschaft gründen, sondern einfach hingehen, unsere Hände und Füße zur Verfügung stellen und den Gruppen dienen, die dort schon arbeiten oder die in Kürze dort eine Arbeit beginnen werden.

Diese letzten drei Sterne bilden den Griff, der der Dreh- und Angelpunkt von allem ist. Auf diese Weise bilden wir Menschen heran, die sich geistlich vermehren können.

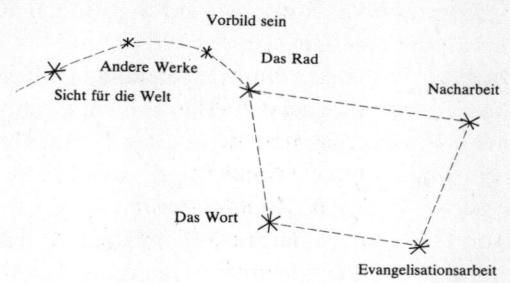

Es beginnt alles mit einem geisterfüllten Leben als Christ, in dem Christus im Mittelpunkt steht. Das ist der Anfang eines fruchtbaren Christseins. Dann gehen wir in das Wort Gottes und nach außen in die Evangelisations- und Nacharbeit. Das ist die geistliche Vermehrung. Es reift dann ein Christ heran, der nicht mehr nur ein ›Obstbaum zu Gottes Ehre‹ ist, sondern der den Samen sät, aus dem viele Obstbäume entstehen, die dann wieder Obstplantagen in allen Teilen der Welt zu Gottes Ehre anbauen. Wir geben uns nicht mit weniger zufrieden!

Ich denke, daß ich Sie nicht angepredigt habe. Ich wollte Ihnen einfach erzählen, was mir seit dieser Nacht auf dem Dach des Pariser Hotels auf dem Herzen liegt. Jetzt wünsche ich mir, daß Sie mit mir gemeinsam beten:

›Herr, wenn hier etwas gesagt worden ist, das von dir kommt und das du diesen Menschen hier sagen möchtest, dann hilf bitte, daß es haftenbleibt und ein Bestandteil ihres Lebens wird. Wir warten darauf, daß der Heilige Geist sein Siegel auf das setzt, was heute abend von dir kam. Und, Herr, wenn ich heute abend das gemacht habe, was ich so oft getan habe – daß ich vom Wege abgekommen bin oder etwas gesagt habe, das nicht richtig war oder nicht deinem Willen entsprach, dann laß das Gesagte wie Wasser sein, das auf den Boden ausgeschüttet wird und versiegt.

Jetzt begleite bitte diese Gruppe von jungen Menschen nach Hause. Und mögen sie zu Hause nicht sagen, daß sie in einem Vortrag waren oder in Glen Eyrie oder bei einer Veranstaltung der Navigatoren, sondern laß sie sagen können, daß sie eine Begegnung mit Jesus Christus selbst hatten. Wir bitten dies in deinem Namen. Amen.‹ Das war's!«

Quellennachweise

2. Kapitel, S. 27

Oswald J. Smith, »The Man God Uses« (London: Marshall, Morgan & Scott, 1953), S. 8–9.

3. Kapitel, S. 48

E. M. Bounds, »Kraft durch Gebet« (Herold-Verlag, Frankfurt am Main), S. 5–6.

4. Kapitel, S. 65

John Milton Gregory, »The Seven Laws of Teaching« (Grand Rapids, Mich.: Baker Book House, 1954), S. 6.

5. Kapitel, S. 75

Oswald J. Smith, »The Man God Uses«, S. 12.

5. Kapitel, S. 82

Betty Lee Skinner, »Daws: The Story of Dawson Trotman, Founder of The Navigators«, (Grand Rapids, Mich.: Zondervan, 1974), S. 40.

8. Kapitel, S. 129

LeRoy Eims, »The Lost Art of Disciplemaking« (Grand Rapids, Mich.: Zondervan; Colorado Springs: Nav Press, 1981), S. 83.

9. Kapitel, S. 176

Field-Marshal Montgomery, »The Memoirs of Field-Marshal Montgomery« (Cleveland, Ohio: The World Publishing Co., 1958), S. 76–77.

12. Kapitel, S. 217

Der »Große Bagger« ist eine Gruppierung von sieben Sternen am Nordhimmel, die »Ursa Major« oder der »Große Bär« genannt wird. Zusammen bilden die sieben Sterne ein Gebilde, das eine Schaufel oder einem Bagger ähnelt. Die beiden Sterne am Ende des kelchförmigen Gebildes werden »Zeiger« genannt, weil sie eine Linie mit dem Nordstern bilden. In England wird der Große Bär »Der Wagen« genannt.

Robert E. Coleman
Des Meisters Plan der Evangalisation

Pb., 100 S., Nr. 71 153, DM 11,80

Wie kann das Evangelium die Welt verändern? Indem Christen sich neu daran orientieren, wie Jesus Christus selbst vorgegangen ist, um Menschen anzusprechen und umzukrempeln. Man spürt Colemans Sachkenntnis und Freude am Thema. Ein Buch für den engagierten Christen und das Gespräch in Gruppe und Gemeinde.

Michael Green
Evangelisation zur Zeit der ersten Christen

Pb., 400 S., Nr. 74 014, DM 25,80

Wie lebten die ersten Christen im Römischen Reich? Was entgegneten sie der griechischen Philosophie? Oder dem Judentum? Methoden, Motivation und Strategien der urchristlichen Gemeinde werden in diesem Buch ausführlich dargelegt. Ein vernachlässigtes Gebiet wird gründlich und wissenschaftlich erforscht. Eine Fülle von Anregungen, Hinweisen und historischen Tatbeständen macht das Buch empfehlenswert.

Arthur Johnston
Umkämpfte Weltmission

Pb., 440 S., Nr. 56 532, DM 29,80

Es ist kein Geheimnis, daß sich die ökumenische und die evangelikale Definition der Begriffe »Evangelisation« und »Mission« grundlegend unterscheiden. Wie kam es dazu? Wie sehen die einzelnen Positionen aus? Der Autor berichtet über die großen Missionskonferenzen ab 1910. Er weist nach, wie nur die enge Bindung an die reformatorischen Grundprinzipien vor Irrwegen in Evangelisation und Mission bewahrt.

Machet zu Jüngern

von

Walter A. Henrichsen

Taschenbuch, 176 S.,
DM 7,80

Das Buch stellt sich der Herausforderung, die im Missionsbefehl Christi enthalten ist: »Machet zu Jüngern . . .« Dabei geht es weniger um Techniken oder Methoden als vielmehr um Haltungen und Lebenseinstellungen des Christen, die sich im Alltag bewähren. Dazu aber muß praktische Hilfe geleistet werden. Henrichsen bietet sie an, indem er die Rolle Gottes im Prozeß der Jüngerschaft deutlich macht. Er zeigt konkret auf, was ein Christ braucht, um ein Leben zu führen, das Jesus Christus ohne Reserve zur Verfügung gestellt wird und für andere Menschen wirksam wird.

Kapitel 5
Jüngerschaft und Evangelisation

Jünger sein beginnt mit der Hingabe des eigenen Lebens an Jesus und der Bereitschaft, seinen Willen zu tun und ihm ähnlich zu werden.

Andere zu Jüngern machen beginnt damit, daß wir das Evangelium weitersagen. Jemand hat es so ausgedrückt: »Das Ziel eines Christen ist, den Himmel zu bevölkern und die Hölle zu entvölkern.« Wenn wir evangelisieren, geht Jesus Christus vor uns her und bahnt den Weg. Das 4. Kapitel des Johannesevangeliums ist ein beredtes Zeugnis dafür, wieviel Jesus daran liegt, das Evangelium zu verkünden.

Die Gelegenheit wahrnehmen

Vers 4: »Und Jesus mußte durch Samaria reisen.« Ein Blick auf die Landkarte von Palästina zur Zeit Jesu zeigt, daß der kürzeste und schnellste Weg von Jerusalem nach Galiläa durch Samarien führte. Aber nur wenige Menschen benutzten diese Route. Die meisten stiegen von der Höhe Jerusalems zu den Ufern des Jordan hinunter und folgten den Windungen des Flusses nach Galiläa. Der Grund für diesen Umweg geht zurück auf die assyrische Gefangenschaft, bei der die zehn Nordstämme Israels umgesiedelt wurden. Nur ein kleiner Überrest blieb im Lande und vermischte sich durch Heirat mit anderen Völkern. Daraus entstand eine Mischbevölkerung, die Samariter, die aus diesem Grund von den Juden verachtet wurden. Die »reinrassigen« Juden wollten um keinen

Preis Kontakt mit den Samaritern haben. Aber in diesem Vers lesen wir, daß Jesus durch Samarien reisen mußte. Warum wollte er unbedingt durch dieses Gebiet der Ausgestoßenen und Außenseiter wandern? Er wollte offenbar zeigen, daß das Evangelium auch Bedeutung für Nichtjuden hat. Die Botschaft unseres Herrn Jesus Christus gilt nicht nur dem auserwählten Volk, sondern jeder Frau und jedem Mann, unabhängig von Sprache, Volkszugehörigkeit und Rasse. Davon muß jeder angehende Jünger Jesu überzeugt sein. Sein Ziel muß es sein, die Verlorenen zu erreichen. Und deshalb muß er dem Vorbild Jesu folgen und ein Freund der Zöllner und Sünder werden. Zu viele Evangelisten predigen Trennung von der Welt, und das heißt: auf Abstand mit weltlich gesinnten Menschen leben. Evangelisieren beginnt damit, daß wir Freundschaften mit den Menschen in der Welt schließen. Der Jünger muß dem Wort Gottes gehorsam sein, aber er soll sich nicht zu denen halten, die sich von der Welt absondern und das für besonders biblisch halten.

Vers 9: »Spricht nun die samaritische Frau zu Jesus: Wie bittest du von mir zu trinken, so du ein Jude bist und ich eine samaritische Frau?« (Denn die Juden haben keine Gemeinschaft mit den Samaritern.) Jesus macht der Frau klar, daß er ein Interesse an allen Menschen hat.

Müde und durstig (vgl. Vers 6–7) kam Jesus zum Jakobsbrunnen. Er brauchte Ruhe und eine Erfrischung. Aber anstatt daran zu denken, nahm er die Gelegenheit wahr, mit ihr zu sprechen und ihr die Frohe Botschaft zu sagen. Als mir zum ersten Mal die Wahrheit von Johannes 4 aufging, bekam ich ein schlechtes Gewissen. Wie oft hatte ich meine Müdigkeit zum Vorwand genommen, nicht für Jesus Zeugnis zu geben.